KB116146

디지털과 AI 시대

스타트업 창업과 성장을 위한 지침서

스타트업 창업 인사이트

스타트업 창업을 위한 실전 지침서가 필요하다!

스타트업 창업은 여전히 많은 이들에게 꿈과 도전의 상징이다. 그러나 현실은 이상과 다르다. 아이디어가 넘치는 시장에서 성공하기 위해서는 실전적인 지식과 전략이 필요하다. 특히 디지털과 AI 시대에 들어서면서 창업 환경은 더욱 복잡해졌다. 많은 스타트업들이 혁신적인 아이디어를 가지고 출발하지만, 실제 시장에서 성공하는 데는 여전히 어려움을 겪고 있다.

스타트업을 시작하는 것은 마치 미지의 바다로 항해를 떠나는 것과 같다. 바람의 방향을 읽고 파도의 흐름을 이해하며 항해 도중 만나는 수많은 장애물을 극복해야 한다. 이러한 여정에서 성공하기 위해서는 지도와 같은 역할을 하는 실전 지침서가 필수적이다. 스타트업 창업은 기존의 비즈니스와 다르다. 일반적인 회사는 이미 확립된 시스템과 구조를 가지고 있지만, 스타트업은 처음부터 모든 것을 만들어가야 한다. 여기서 중요한 것은 단순한 이론이 아니라, 실제로 적용할 수 있는 실전 지식이다.

디지털과 AI 기술의 발전으로 시장은 빠르게 변화하고 있다. 새로운 기술이 등장하고 소비자의 요구는 더욱 다양해지고 있다. 이러한 환경에서 성공하기 위해서는 유연한 사고와 빠른 대응 능력이 필요하다. 스타트업은 한정된 자원과 시간 내에서 최대한의 성과를 내야 하기 때문에 실전적인 전략이 더욱 중요하다.

스타트업 세계는 경쟁이 매우 치열하다. 수많은 스타트업들이 같은 시장을 노리고 있으며 혁신적인 아이디어를 가진 경쟁자들이 계속해서 등장하고 있다. 이런 상황에서 성공하기 위해서는 단순히 아이디어만으로는 부족하다. 시장조사, 비즈니스모델 수립, 마케팅 전략, 자금조달 등 각 단계에서 실질적인 지침이 필요하다.

스타트업의 성공 확률은 높지 않다. 많은 스타트업들이 초기 단계에서 실패를 경험한다. 이러한 실패를 줄이기 위해서는 선배 창업자들의 경험과 지식을 바탕으로 한 실전 지침서가 필요하다. 성공한 스타트업들의 사례를 통해 배우고 실패한 사례들을 통해 피해야 할 함정을 미리 파악할 수 있다면, 성공 확률을 높일 수 있다.

디지털과 AI 시대는 스타트업에게 새로운 기회를 제공하는 동시에 새로운 도전 과제를 제시한다. 이러한 시대에서 성공하기 위해서는 디지털 기술과 AI를 적극적으로 활용할 수 있는 능력이 필요하다.

디지털 기술은 스타트업이 빠르게 성장할 수 있는 기반을 제공한다. 예를 들어, 소셜 미디어는 저비용으로 마케팅을 할 수 있는 기회를 제공하며 온라인 플랫폼은 전 세계 고객과 쉽게 연결될 수 있는 방법을 제공한다. 또한, 데이터 분석 기술을 활용하면 고객의 요구를 정확하게 파악하고 맞춤형 서비스를 제공할 수 있다.

AI는 스타트업이 더 효율적으로 운영될 수 있도록 도와준다. 예를 들어, 고객 서비스에 AI 챗봇을 도입하면 24시간 고객 응대가 가능해지고 반복적인 작업을 자동화하면 인력을 보다 효율적으로 활용할 수 있다. 또한, AI는 예측 분석을 통해 시장동향을 미리 파악하고 더 나은 의사 결정을 할 수 있도록 도와준다.

이 책은 스타트업 창업과 성장을 위한 실전적인 지침을 제공하기 위해 작성되었다. 각 장은 창업의 주요 단계에 따라 구성되어 있으며 각 단계에서 필요한 구체적인 전략과 팁을 제공한다.

스타트업을 시작하는 것은 큰 도전이지만, 올바른 방향과 전략을 가지고 있다면 충분히 성공할 수 있다. 이 책은 여러분이 그 여정에서 마주할 수 있는 다양한 문제들을 해결하는 데 필요한 지침서가 될 것이다.

이 책을 통해 많은 스타트업 창업자들이 자신의 꿈을 실현하고 더 나아가 세상을 변화시키는 데 인사이트를 제공할 수 있기를 바란다.

CONTENTS

01

스타트업과 창업

A startup is a human institution designed to create a new product or service under conditions of extreme uncertainty.

(스타트업은 불확실한 상황 속에서 고객들에게 제공할 새로운 제품과 서비스를 창조하는 조직이다.)

-Eric Ries(*The Lean Startup*)-

🎯 스타트업 알고 시작하자!

"스타트업! 도대체 그게 뭐야?"

몇 년 전까지만 하더라도 생소한 용어였던 '스타트업(Start-up)'이란 용어가 이제는 기술 및 비즈니스모델 창업 영역에서 보편적으로 사용하는 용어가 되었다.

스타트업이란 이러한 창업을 대표하는 용어라 할 수 있는데, 네이버 지식백과에서는 스타트업을 다음과 같이 정의하고 있다.
"혁신적인 기술과 아이디어를 보유한 설립한 지 얼마 되지 않은 창업기업"으로 대규모 자금조달 전 단계라는 점에서 벤처와 차이가 있다. 벤처는 새로운 사업, 기술기반으로 위험이 크나 성공시 고수익이 예상되는 기업을 의미한다.

Eric Ries의 저서 The Lean Startup에서는 다음과 같이 스타트업을 정의하고 있다.
A startup is a human institution designed to create a new product or service under conditions of extreme uncertainty.(스타트업은 불확실한 상황 속에서 고객들에게 제공할 새로운 제품과 서비스를 창조하는 조직이다.)

이처럼 스타트업은 각기 다르게 정의된다. 스타트업에 대해서 각자의 철학이 녹아 있는 나름의 정의를 얘기하고 있는 것이다. 공통적인 내용들을 정리하여 스타트업(기업)을 다음과 같이 정의해 볼 수 있다.

"창의적인 아이디어와 기술기반의 고성장이 예상되는 초기 창업기업"
으로 정의할 수 있다.

스타트업은 초기 창업기업이기에 사업모델, 구인, 자금 확보 등이 안
정되지 않은 어려운 상태로 빠르게 회사를 성장시키기 위해서 다양한
방법을 통해 시도하게 되는데 이를 위한 가장 좋은 원천은 아이디어와
기술에 기반하고 있는 것이다.

스타트업은 다음과 같은 특성을 보유하고 있다.

1) 혁신적인 아이디어

스타트업은 기존 시장에서는 보이지 않았던 새로운 아이디어나 기술
을 이용하여 제품이나 서비스를 개발한다. 이러한 아이디어는 기존 시
장에서는 출현하지 않았지만, 새로운 시장을 창출할 수 있으며 높은
가치를 지닌 제품이나 서비스를 만들어 낼 수 있다.

2) 빠른 성장

스타트업은 창업 초기 단계에서 매우 높은 성장 잠재력을 가지고 있
기 때문에 빠른 성장을 추구한다. 이를 위해 스타트업은 투자자들로부
터 자금을 조달하여 초기 개발과 마케팅에 투자하고 높은 수익을 얻을
수 있는 성장 전략을 수립하게 된다.

3) 실패와 성공

스타트업은 매우 불안정한 환경에서 시작하기 때문에 실패와 성공이
순간적으로 변할 수 있다. 이러한 실패와 성공을 경험하면서 창업자들

은 빠른 의사결정과 빠른 대처 능력을 갖출 수 있게 되며 이를 토대로 더 큰 성공을 이룰 수 있다.

4) 높은 위험성

스타트업은 창업 초기 단계에서 매우 높은 위험성을 가지고 있다. 초기 자금조달이 어렵기 때문에 대부분의 창업자들은 자신의 자본과 대출, 창업지원금 등을 이용하여 창업을 시작하게 된다. 또한 시장의 반응을 예측하기 어려우며 기술적 문제나 경영적 문제 등 다양한 위험에 노출될 수밖에 없다.

5) 유연한 조직문화

스타트업은 빠른 변화와 성장을 추구하기 때문에 유연한 조직문화가 필요하다. 새로운 아이디어나 기술을 적극 수용하고 실패를 인정하며 빠른 의사결정과 실행이 가능한 조직문화가 필요하다.

6) 투자유치

스타트업은 초기 자금조달이 어렵기 때문에 투자자들로부터 자금을 조달하여 성장을 추구한다. 이를 위해 스타트업은 우수한 비즈니스모델과 높은 성장 잠재력을 가진 기술이나 제품을 갖추어야 한다.

7) 스타트업 생태계

스타트업은 스타트업 생태계에서 발전하며 이를 위해서는 지역·산업·정부 등 다양한 이해관계자들과 협력하며 발전해야 한다. 스타트업 생태계는 스타트업이 생태계 전반에서 자원과 지식을 공유하고 함께 발전할 수 있는 환경을 제공해야 한다.

8) 글로벌 시장 진출

스타트업은 글로벌 시장에 진출하여 성장할 수 있어야 한다. 이를 위해서는 글로벌 시장에서 경쟁력 있는 제품이나 서비스를 개발하고 글로벌 네트워크를 구축하는 등 글로벌 시장에 대한 전략적 접근이 필요하다.

9) 고객 중심

스타트업은 고객 중심적인 비즈니스모델을 가져야 한다. 고객의 니즈를 파악하고 그에 맞는 제품이나 서비스를 제공하는 것이 스타트업의 성공에 중요한 역할을 한다.

10) 기술과 디자인

스타트업은 기술과 디자인의 결합이 필요하다. 기술적으로 우수한 제품이나 서비스를 개발하면서 동시에 사용자 친화적이고 디자인적으로 우수한 제품이나 서비스를 제공하는 것이 중요하다.

위와 같은 내용들은 스타트업의 성공을 위해 반드시 고려해야 하는 중요한 내용들이다. 스타트업 창업자들은 이러한 내용들을 숙지하고 이를 기반으로 비즈니스모델을 구성하고 초기 자금조달과 투자유치 등을 계획해 나가야 한다.

또한, 스타트업 생태계에서 적극적으로 협력하고 글로벌 시장에서 경쟁력 있는 제품이나 서비스를 개발하며 고객의 니즈를 충족시키는 비즈니스모델을 구축하는 것이 스타트업의 성공을 이루는 핵심이다.

이러한 내용들을 고려하여 스타트업을 창업하고 성장시키는 것은 매우 어려운 일이지만, 성공하게 된다면 매우 큰 가치를 지닐 수 있다. 따라서 스타트업 창업자들은 이러한 내용들을 숙지하고 적극적으로 실행해 나가는 것이 중요하다.

🚀 스타트업 생태계는?

아래 그림은 국내 스타트업의 성장과정을 도식화한 것이다.

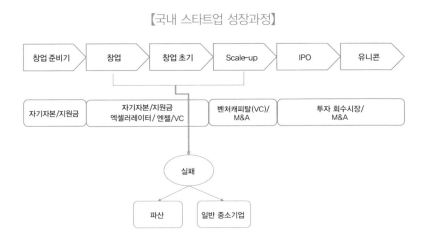

【국내 스타트업 성장과정】

스타트업 생태계는 크게 세 가지 구성요소로 나눌 수 있다.

첫째, 스타트업은 혁신적인 아이디어와 비즈니스모델을 가지고 창업한 기업들을 의미한다. 스타트업은 새로운 가치를 창출하며 기존의 시장을 혁신하고 새로운 시장을 창출하는 역할을 수행한다.

둘째, 투자자는 스타트업에 자본을 투자하는 역할을 한다. 초기 단계의 스타트업에 투자함으로써 기업의 성장과 발전을 돕는 것이다.

셋째, 투자 회수시장은 스타트업의 성장과 발전을 돕기 위해 만들어진 시장으로 스타트업이 성장하고 성과를 내면 기업을 주식시장에 공개하거나 M&A를 통해 인수 합병하는 경우가 생긴다.

그리고 가장 중요한 요소는 지속적인 혁신과 열정이다. 스타트업은 기존 시장과 규칙에 구속받지 않고 새로운 시장과 비즈니스모델을 만들기 위해 지속적인 혁신과 도전을 시도해야 한다.

또한, 스타트업은 실패를 두려워하지 않고 적극적인 태도와 열정을 유지해야 한다. 이러한 열정과 도전 정신이 없다면 스타트업은 성장과 발전을 이루기 어려울 것이다.

한국 스타트업 생태계는 꾸준한 성장과 발전을 이어오고 있으나 아직도 몇 가지 문제점이 존재하는데, 그중에서도 주요한 문제점은 다음과 같다.

1) 초기 투자금 부족

초기 스타트업들이 자금조달에 어려움을 겪고 있어서 사업화에 실패하는 경우가 많다.

2) 우수한 인재 부족

성공적인 스타트업을 만들기 위해서는 우수한 인재들이 필요한데, 국내에서는 아직도 충분한 인재 양성 시스템이 구축되어 있지 않아 인재 확보가 어려운 경우가 많다.

3) 법적·제도적 문제

스타트업이 사업을 운영하는 데에 있어서 법적·제도적인 문제들이 여전히 존재한다. 예를 들어, 공유모델과 같이 기존의 제도나 법률이 스타트업의 새로운 아이디어나 비즈니스모델에 적합하지 않은 경우가 존재한다. 규제 샌드박스(regulatory sandbox) 제도를 도입해 규제 완화에 나서고 있지만 충분하지는 않다.

4) 글로벌 시장 진출 부족

국내 시장규모가 작아서 글로벌 시장 진출을 통한 확장을 꾀하여야 하나 국내 스타트업들이 글로벌 시장 진출에 어려움을 겪는 경우가 많다.

이러한 문제점들을 해결하기 위해서는 초기 투자금, 인재 양성, 법적·제도적인 환경개선, 글로벌 시장 진출을 지원하는 등의 방안이 필요할 것이다. 이러한 방안을 통해 스타트업 생태계가 더욱 발전할 수 있을 것이다.

✐ AI시대 스타트업 환경

"2023년 챗GPT로 인한 인공지능 기반 생성형 AI 시장이 열리고 폭발적으로 성장하며 새로운 비즈니스모델이 창출되고 있다"

인공지능이라는 용어는 '존 맥카시(John McCarthy) 교수' 등이 1956년 다트머스 컨퍼런스에서 처음으로 사용하면서 등장하였다.

이후 수많은 연구들이 활발하게 진행되었으며 사람들에게 알려지기 시작한 것은 2011년 IBM의 '왓슨'이 퀴즈쇼에서 우승하면서 알려졌고 2014년 페이스북이 인공지능 얼굴인식 프로그램인 '딥 페이스'를 개발하였고 2016년 구글의 알파고와 이세돌 9단과의 바둑대결로 널리 알려졌다.

AI 기술의 발전으로 인한 스타트업 창업 환경도 빠르게 변화하고 있다. 특히나 2023년 챗GPT의 등장으로 현실에서 생성형 AI를 접하게 되면서 기존과는 전혀 다른 방식으로 다양한 영역에서 활용이 확산되고 있다.

AI 기술은 최근 몇 년 동안 급격하게 발전하여 많은 분야에서 기존 방식을 대체하거나 보완하는 역할을 하고 있다. 따라서 스타트업 창업자들은 AI 기술을 활용한 새로운 비즈니스모델을 개발하고 성공적인 사업을 운영할 수 있을 것이다.

AI 기술은 데이터 수집·분석과 활용에 큰 역할을 한다. 스타트업 창업자들은 AI 기술을 활용하여 데이터를 수집·분석·활용하는 데이터 중심의 사업모델을 개발할 수 있으며 이를 통해 고객 중심의 비즈니스모델을 구축하고 새로운 시장을 창출할 수 있다.

AI 기술은 개인화된 서비스 제공에도 큰 역할을 한다. 스타트업 창업자들은 AI 기술을 활용하여 고객들의 니즈에 따라 맞춤형 서비스를 제공할 수 있으며 이를 통해 고객 경험을 향상시키고 고객충성도를 높일 수 있다.

스타트업 창업자들은 AI 기술의 발전 동향을 파악하고 항상 최신 기술 동향을 파악하여 경쟁력 있는 기술을 개발해야 한다. 또한, AI 기술을 활용한 새로운 제품이나 서비스를 개발하여 시장에서 경쟁력을 확보할 수 있다.

하지만 AI 기술은 그만큼 윤리적인 문제도 함께 발생시키기 때문에 스타트업 창업자들은 이를 이용하는 사람들의 개인정보와 권리를 보호하며 윤리적인 측면을 고려해야 한다.

AI 기술은 다양한 분야에서 사용되고 있기 때문에 스타트업 창업자들은 다양한 분야에서 창업 가능성을 고려해 볼 수 있다. 예를 들어, 의료 분야에서는 AI 기술을 활용한 진단 시스템 개발이나 로봇을 이용한 수술 시스템 개발 등이 가능하며 교육 분야에서는 AI 기술을 활용한 맞춤형 교육 서비스 제공이 가능하다.

AI 분야에서는 다양한 스타트업들이 생태계를 이루고 있기 때문에 스타트업 창업자들은 다양한 AI 기술 전문가나 투자자들과 협력하며 네트워크를 구축하여 생태계 전반에서 자원과 지식을 공유하고 함께 발전할 수 있는 환경을 제공해야 한다.

AI 기술은 현재 매우 빠르게 발전하고 있으며 이를 활용하는 스타트업들은 높은 성장 잠재력을 가지고 있다. 스타트업 창업자들은 AI 기술의 발전 동향을 파악하고 AI를 활용한 창업 아이디어를 개발하여 성공적인 사업을 운영할 수 있는 기회를 적극 활용해야 할 것이다.

이러한 AI 시대 스타트업 창업 환경에서는 항상 최신 기술동향을 파악하고 윤리적인 측면을 고려하며 다양한 분야에서 창업 가능성을 고려하는 것이 중요하다. 또한, AI 기술을 활용하여 고객 중심의 비즈니스모델을 구축하고 새로운 시장을 창출하는 등 혁신적인 사업모델을 개발하여 성장 잠재력을 극대화해야 한다. 그리고 협력과 네트워크 구축을 통해 AI 생태계 전반에서 자원과 지식을 공유하며 함께 발전할 수 있는 생태계를 구축해야 한다.

🎯 생성형 AI와 스타트업 창업 기회

디지털 시대의 도래와 함께 인공지능(AI)은 우리 일상에 깊숙이 자리 잡고 있다. 특히, 생성형 AI(Generative AI)는 창의적인 작업을 자동화할 수 있는 기술로 이미지, 텍스트, 음악 등 다양한 콘텐츠를 생성하는 데 탁월한 능력을 보인다. 이러한 기술의 발전은 스타트업 창업자들에게 새로운 기회를 제공한다.

생성형 AI는 대량의 데이터를 학습하여 새로운 콘텐츠를 생성할 수 있는 알고리즘이다. 딥러닝 기술을 기반으로 하며 주로 생성적 적대 신경망(GAN)과 트랜스포머가 사용된다. 이러한 AI는 기존의 데이터를 분석하고 이를 바탕으로 새로운 데이터나 콘텐츠를 만들어 낼 수 있다.
생성형 AI는 데이터 분석과 예측에도 활용될 수 있다. 예를 들어, 고객의 구매 패턴을 분석하여 개인화된 추천 시스템을 개발하거나 시장 동향을 예측하여 비즈니스 전략을 수립하는 데 도움을 줄 수 있다. 이러한 AI는 데이터를 통해 얻은 인사이트를 바탕으로 새로운 비즈니스 기회를 창출할 수 있다.

생성형 AI는 다양한 산업에서 혁신을 이끌 수 있는 잠재력을 가지고 있다. 이를 활용한 창업 기회를 살펴보자.

1) 개인화된 서비스 제공

생성형 AI를 활용하면 고객의 요구에 맞춘 개인화된 서비스를 제공할 수 있다. 예를 들어, 패션 스타트업은 AI를 이용해 고객의 취향에 맞춘 맞춤형 스타일을 제안하거나 음식 배달 스타트업은 고객의 식습관을 분석하여 개인화된 메뉴를 제공할 수 있다. 이러한 개인화된 서비스는 고객 만족도를 높이고 충성 고객을 확보하는 데 도움을 준다.

2) 자동화된 콘텐츠 생성

생성형 AI를 활용하면 대량의 콘텐츠를 자동으로 생성할 수 있다. 이는 마케팅, 광고, 미디어 등 다양한 분야에서 유용하게 활용될 수 있다. 예를 들어, 블로그 포스트, 소셜 미디어 게시물, 광고 카피 등을 자동으로 생성하는 서비스를 제공할 수 있다. 이러한 자동화된 콘텐츠 생성은 기업의 마케팅 비용을 절감하고 보다 효율적인 마케팅 전략을 수립하는 데 도움을 준다.

3) 새로운 비즈니스모델 개발

생성형 AI를 활용한 새로운 비즈니스모델을 개발할 수도 있다. 예를 들어, AI 기반의 예술 작품 생성 플랫폼을 운영하거나 AI를 이용한 맞춤형 건강 관리 서비스를 제공하는 스타트업을 창업할 수 있다. 이러한 새로운 비즈니스모델은 기존의 시장에서 차별화된 가치를 제공하고 새로운 고객층을 확보하는데 도움을 준다.

생성형 AI는 스타트업 창업자들에게 무궁무진한 기회를 제공한다. 이 기술을 활용하면 다양한 산업에서 혁신적인 서비스를 개발할 수 있으며 이를 통해 새로운 시장을 개척할 수 있다. 디지털과 AI 시대의 도래는 창업자들에게 새로운 도전과 기회를 제공하며 생성형 AI는 그 중심에 있다. 스타트업 창업자들이 이 기술을 잘 활용한다면 미래의 시장에서 성공할 수 있는 가능성이 더욱 커질 것이다.

스타트업 창업 핵심요소

▌ 1. 창업 핵심 성공 요소

스타트업 창업의 핵심 성공 요소는 기회, 자원, 팀으로 정리할 수 있다.

【스타트업 창업 핵심요소】

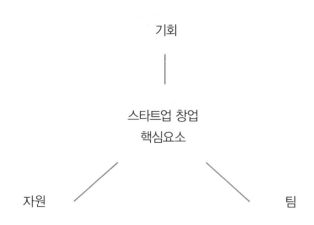

1) 기회(Opportunity)

기회는 성장 가능성이 높은 시장이나 새로운 기술을 활용하는 아이디어 등을 말한다. 즉, 시장에 기반한 아이디어, 아이템, 사업모델로 실질적인 수요창출을 통한 사업화 기회를 의미한다.

스타트업 창업자는 이러한 기회를 찾아내는 능력이 필요하며 이를 위해 적극적인 마케팅 활동, 시장조사, 트렌드 분석 등이 필요하다.

2) 자원(Resource)

자원은 창업을 위해 필요한 자금, 시설, 장비, 기술 등을 말한다.

이러한 자원을 얻기 위해서는 투자자와의 커뮤니케이션, 창업 프로그램 지원, 적절한 파트너십 협약 등이 필요하다.

3) 팀(Team)

창업자 자신과 그의 주변에 있는 팀의 역량, 경험, 전문성, 윤리적 가치관 등이 중요한 역할을 한다.

이러한 팀의 역량을 향상시키기 위해서는 적절한 인력 관리, 문화 조성, 협업 방식 등이 필요하다.

▌2. 창업 성공 영향 요소

스타트업 창업 성공에는 다양한 요소들이 작용하며 그 중에서도 특히 중요하게 영향을 미치는 요소들이 있다.

1) 아이디어와 기회

창업을 위해서는 새로운 아이디어와 기회가 필요하다. 적극적으로 문제점을 파악하고 그에 대한 해결책을 찾아낼 수 있는 능력이 필요한 것이다.

2) 창의성과 혁신

스타트업에서는 새로운 시장을 개척하는 것이 중요하다. 이를 위해서는 창의성과 혁신성이 필요하고 새로운 기술, 제품, 서비스 등을 개발하고 시장에서 차별화된 가치를 창출할 수 있어야 한다.

3) 자금과 자원

창업에 필요한 자금과 자원이 중요하다. 초기에는 자체 자금으로 출발하는 경우가 많기 때문에 스타트업 창업자는 효율적인 자금과 자원 운영 능력을 필요로 한다.

4) 시장과 고객

스타트업은 시장과 고객의 요구에 부응하는 제품과 서비스를 제공해야 한다. 시장과 고객의 니즈를 정확히 파악하고 그에 따라 제품과 서비스를 개발해야 하는 것이다.

5) 경영과 전략

스타트업은 창업 초기부터 경영과 전략을 잘 수립해야 한다. 적극적인 경영 및 전략적 판단 능력이 필요하며 전문가와 함께 경영 및 전략을 수립할 수 있는 능력이 필요하다.

6) 팀과 리더십

스타트업에서는 팀과 리더십이 매우 중요하다. 팀원들의 역량을 잘 파악하고 업무를 효율적으로 배치해야 하며 팀원들 간의 신뢰와 소통을 잘 이루어야 한다.

리더는 팀원들의 역량을 잘 이끌어내고 조화롭게 팀을 운영해야 한다.

7) 타겟고객과의 강력한 연결

성공적인 스타트업은 자신들의 제품이나 서비스를 고객이 직접 사용하고 경험할 수 있도록 만들어, 그들과 강력한 연결을 유지한다. 이를 위해 스타트업은 타겟고객의 요구를 이해하고 그들이 원하는 것을 제공할 수 있도록 지속적으로 발전하고 개선해야 한다.

8) 민첩성과 적극적인 마인드 셋

성공적인 스타트업은 빠른 변화에 적응할 수 있는 민첩성과 적극적인 마인드셋을 가지고 있어야 한다.

시장 변화나 경쟁 상황에 빠르게 대응하고 조정할 수 있는 능력이 필요하며 실패를 두려워하지 않고 새로운 아이디어를 시도하며 성장해나가는 마인드셋이 중요하다.

🎯 스타트업 창업 성공을 위한 접근전략

스타트업 성공 창업을 위한 접근전략을 다음과 같이 정리할 수 있을 것이다.

1) 문제 해결에 초점을 맞추기

새로운 아이디어나 기술만으로는 스타트업이 성공할 수 없다.

대신, 이전에 해결되지 않았던 문제를 찾아내고 그 문제를 해결하기 위한 서비스나 제품을 제공해야 한다.

2) 빠른 실행과 실패 경험 쌓기

빠른 프로토타이핑(prototyping)과 릴리즈(release)를 통해 초기 버전을 빠르게 출시해야 한다. 이를 통해 시장 피드백을 받고 문제점을 파악하고 개선하는 것이 중요하다.

실패 경험을 쌓아가면서 점진적으로 제품을 개선하고 발전시킬 수 있다.

3) 우수한 팀 빌딩과 리더십

스타트업의 성공은 팀의 노력에 달려있다. 따라서 스타트업은 훌륭한 팀을 빌딩하고 리더십을 발휘할 수 있는 인재를 모집해야 한다.

각자의 역할과 책임을 분명하게 정의하고 협업을 통해 서로의 아이디어와 경험을 공유해야 한다.

4) 시장, 경쟁사, 고객 등의 분석과 지속적인 개선

스타트업은 시장, 경쟁사, 고객 등을 분석하고 이를 기반으로 지속적으로 제품과 서비스를 개선해나가야 한다.

초기 아이디어와 비즈니스모델이 실패할 수 있기 때문에 피봇을 수행하고 방향을 수정해 나가는 것이 필요하다.

5) 자금조달 및 투자자와의 협력

초기 스타트업 창업 단계에서는 자금조달이 어려울 수 있다. 하지만, 현재는 다양한 투자자들이 스타트업을 지원하고 있으며 이를 통해 초기 자금을 조달할 수 있다.

투자자와의 협력을 통해 기존 서비스나 제품을 확장하거나 새로운 기회를 모색할 수 있다.

이러한 접근전략들을 바탕으로 성공적인 스타트업 창업을 위해서는 적극적으로 기회를 찾아내고 혁신적인 아이디어를 개발하며 비즈니스 모델을 잘 구성하고 검증해 나가야 한다.

또한, 충분한 자원과 동료를 모아 팀을 구성하고 고객과 강력한 연결을 유지하며 빠른 변화와 조정에 유연하게 대응할 수 있는 마인드셋을 가지는 것이 중요하므로 탁월한 리더십과 팀워크를 바탕으로 전체 조직을 움직여 목표를 달성하도록 해야 한다.

🎯 스타트업 창업과정과 PSST 창업 프로세스

▌1. 스타트업의 창업과정

일반적인 스타트업 창업 과정은 크게 다음과 같이 정리할 수 있다.

1) 타겟 설정

타겟 설정은 제품이나 서비스를 제공할 대상을 정하는 과정이다. 이 단계에서는 고객 프로파일, 고객의 니즈와 문제점, 경쟁 업체 등을 분석하고 이를 바탕으로 창업 아이디어를 도출한다.

2) 창업 아이디어 도출

창업 아이디어 도출은 타겟 설정 단계에서 도출된 문제점을 해결하거나 니즈를 충족시킬 수 있는 제품이나 서비스를 개발하는 단계이다. 이 단계에서는 아이디어를 구상하고 그에 따른 비즈니스모델을 설계한다.

3) 비즈니스모델 구축

비즈니스모델 구축은 창업 아이디어를 바탕으로 수익모델과 자금조달 방안 등을 포함한 비즈니스모델을 설계하는 단계이다.

이 단계에서는 수익모델, 가격 책정, 비용 구조 등을 결정한다.

4) 시장-고객검증

시장-고객검증은 비즈니스모델을 바탕으로 시장과 고객을 대상으로 검증하는 과정이다.

이 단계에서는 프로토타입을 만들어 고객의 피드백을 수집하고 수집된 데이터를 바탕으로 제품이나 서비스를 개선한다.

5) 피봇팅

피봇팅은 검증 결과에 따라 창업 아이디어나 비즈니스모델을 수정하는 과정이다.

이 단계에서는 검증 결과를 바탕으로 문제점을 해결하고 대안 아이디어를 찾아내거나 수익모델을 개선한다.

6) 기업 설립

기업 설립은 창업 아이디어와 비즈니스모델을 바탕으로 법인 설립 등의 법적인 절차를 거쳐 회사를 설립하는 과정이다.

이 단계에서는 팀 구성, 자금조달, 회사명 등을 결정하고 법적인 문제들을 처리한다.

이러한 과정을 통해 스타트업 창업자들은 창업 아이디어를 구체화하고 비즈니스모델을 세우며 시장-고객검증을 거쳐 제품이 시장에 진입하기 위한 마케팅과 오퍼레이션을 통해 성공적으로 시장에 진입하고 스케일업을 하는 것이다.

2. PSST 프로세스의 의한 스타트업 창업

국내 중소벤처기업부와 창업진흥원의 창업지원사업(예창, 초창, 청창사, 창업도약패키지 등)의 사업계획서는 P-S-S-T의 프로세스에 의해 작성하도록 되어있다.

스타트업의 창업과정을 Ploblem, Solution, Scale-up, Team의 프로세스로 정리하면 다음과 같다.

1) 문제(Problem)

스타트업의 출발점은 해결해야 할 문제를 명확히 정의하는 것이다. 이는 시장에서 해결되지 않은 공통점이나 비효율성을 찾아내는 과정이다.

먼저, 타겟 시장에서 발생하는 문제를 명확히 정의해야 한다. 이때 문제는 구체적이고 명확해야 하며 충분히 많은 사람들이 경험하고 있는 것인지 확인해야 한다. 예를 들어, "많은 사람들이 매일 아침 출근길에 교통 체증으로 고통받고 있다"는 구체적이고 명확한 문제 정의이다.

문제를 정의한 후에는 이를 검증하는 과정이 필요하다. 고객 인터뷰,

설문조사, 시장조사를 통해 정의한 문제가 실제로 존재하는지 그리고 이 문제가 고객들에게 얼마나 중요한지 확인해야 한다. 이를 통해 문제의 심각성을 파악하고 문제를 해결할 가치가 있는지를 판단할 수 있다.

2) 솔루션(Solution)

문제를 명확히 정의한 후에는 이를 해결할 혁신적인 솔루션을 개발해야 한다. 솔루션은 문제를 직접적으로 해결할 수 있는 제품이나 서비스여야 한다.

솔루션 개발은 문제를 해결할 수 있는 구체적인 방법을 찾아내는 과정이다. 이 과정에서 창의적이고 혁신적인 접근이 필요하다. 예를 들어, 교통 체증 문제를 해결하기 위해 카풀 서비스나 대중교통 앱을 개발할 수 있다. 중요한 것은 솔루션이 실제로 문제를 해결할 수 있도록 충분한 기능과 편의성을 제공하는 것이다.

솔루션을 개발한 후에는 이를 검증하는 단계가 필요하다. 프로토타입을 제작하고 이를 타겟 고객들에게 테스트해보는 것이다. 고객의 피드백을 통해 솔루션의 효과와 사용성을 평가하고 필요한 개선사항을 반영하여 최적의 솔루션을 만들어 나간다.

3) 스케일업(Scale-up)

검증된 솔루션을 바탕으로 비즈니스를 확장하는 단계가 스케일업이다. 이 단계에서는 제품이나 서비스를 보다 많은 고객들에게 제공할 수 있도록 전략을 수립하고 실행해야 한다.

스케일업을 위해서는 효과적인 시장 진입 전략이 필요하다. 타겟 시장을 명확히 정의하고 해당 시장에 접근하기 위한 마케팅 전략을 수립한다. 예를 들어, 디지털 마케팅, 소셜 미디어 캠페인, PR 등을 통해 브랜드 인지도를 높이고 고객을 확보할 수 있다.

스케일업에는 자금이 필요하다. 초기 단계에서는 엔젤투자, 벤처캐피털, 크라우드펀딩 등 다양한 방법을 통해 자금을 조달할 수 있다. 투자자들에게 명확한 비즈니스모델과 성장 가능성을 제시하여 필요한 자금을 확보하는 것이 중요하다.

스케일업을 위해서는 운영 효율화도 필수적이다. 내부 프로세스를 최적화하고 비용을 절감하며 생산성을 높이는 것이 필요하다. 이를 위해 기술적 도구와 자동화 시스템을 적극 활용할 수 있다.

4) 팀(Team)

스타트업의 성공에는 훌륭한 팀이 필수적이다. 다양한 역량과 경험을 가진 팀원들이 모여야 문제를 효과적으로 해결하고 비즈니스를 성공적으로 운영할 수 있다.

스타트업 팀은 다양성과 전문성을 갖춰야 한다. 예를 들어, 기술개발을 담당할 엔지니어, 마케팅 전략을 수립할 마케터, 재무 관리를 담당할 담당자 등이 필요하다. 각 분야의 전문가들이 모여 협력할 때 보다 창의적이고 효율적인 해결책을 도출할 수 있다.

팀 리더십은 스타트업의 성공에 중요한 역할을 한다. 리더는 팀원들에게 명확한 비전과 목표를 제시하고 이를 달성하기 위한 전략을 수립해야 한다. 또한, 팀원들의 의견을 경청하고 문제 해결을 위한 방향을 제시하며 팀원들이 최고의 성과를 낼 수 있도록 지원하는 것이 필요하다.

건강한 팀과 기업 문화를 구축하는 것도 중요하다. 팀원들 간의 신뢰와 소통이 원활하게 이루어지도록 하고 서로의 역량을 인정하고 존중하는 분위기를 조성해야 한다. 또한, 지속적인 학습과 성장을 장려하여 팀 전체의 역량을 높이는 것이 필요하다.

PSST 프로세스는 스타트업 창업자가 성공적인 비즈니스를 구축하는 데 필요한 체계적인 접근 방법을 제공한다. 문제를 명확히 정의하고 혁신적인 솔루션을 개발하며 전략적으로 스케일업하고 훌륭한 팀을 구성하는 것은 성공적인 스타트업 창업의 핵심 요소이다. 이러한 접근 전략을 바탕으로 창업에 도전한다면 스타트업의 성공 가능성을 크게 높일 수 있을 것이다.

02

스타트업 창업, 그 어려운 과정

"The faster you fail, the sooner you'll reach success."

(당신이 빠르게 실패할수록, 당신은 더 빨리 성공에 도달할 것이다.)

- David Kidder, The Startup Playbook-

스타트업 피봇(pivot)

▌ 1. 피봇의 개념과 유형

"피봇! 그건 또 뭐야?"

스타트업에서 '피봇(pivot)'은 기업이 처음 계획한 사업모델과는 다른 방향으로 전환하는 것을 말한다.

이는 기존 사업모델이 실패하거나 시장에서 변화가 일어났거나 기업이 새로운 기회를 발견했을 때 발생하는 것이다.

피봇(Pivot)은 스타트업에서 처음 기획한 비즈니스모델이나 제품, 서비스 등을 변화시키는 것을 의미하며 이를 통해 기존 모델에서 발생한 문제를 해결하거나 새로운 시장 기회를 탐색할 수 있다.

피봇은 기업이 성장하는 데 있어 중요한 전환점이며 이를 통해 기업은 실패하지 않고 더 나은 방향으로 나아갈 수 있다.

즉, 스타트업의 경우 새로운 제품이나 서비스를 시작할 때 자신의 제품과 비즈니스모델이 고객이 원하고 고객의 문제를 해결하는 솔루션이 될 것으로 생각하고 사업화를 위한 제품과 서비스를 개발 및 구축한다.

그러나 이와 같은 가정과 목표는 성공하지 못하는 경우가 발생하므로 사업화 과정에서 피봇을 통하여 새로운 사업모델과 제품으로 사업화를 도모하게 된다.

【피봇의 과정】

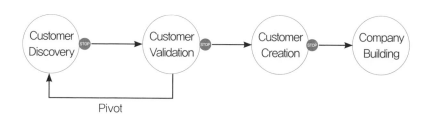

린 스타트업의 저자 '에릭 리스'는 피봇을 "제품, 전략, 성장 엔진에 대한 새롭고 근본적인 가설을 테스트하려는 경로를 구조적으로 수정하는 것"으로 정의했다.

피봇(Pivot)의 유형을 크게 나누어 보면 다음과 같이 구분할 수 있다.

1) 비즈니스모델 피봇(Business Model Pivot)

비즈니스모델 피봇은 스타트업이 처음 기획한 비즈니스모델을 변경하는 것을 의미한다.

예를 들어, 기업이 B2B에서 B2C로 전환하거나 구독모델에서 광고모델로 전환하는 경우 등이 있다.

2) 제품·서비스 피봇(Product/Service Pivot)

제품·서비스 피봇은 스타트업이 처음 출시한 제품이나 서비스를 변경하는 것을 의미한다.

예를 들어, 제품의 디자인이나 기능을 변경하거나 새로운 기술을 도입하는 등이 있다.

3) 시장 피봇(Market Pivot)

시장 피봇은 스타트업이 처음 노리던 시장이나 고객층을 변경하는 것을 의미한다. 예를 들어, 대상 시장을 B2C에서 B2B로 변경하거나 해외 시장으로 진출하는 등이 있다.

▌ 2. 에릭 리스(Eric Ries) 의 피봇 유형

다른 한편으로 에릭 리스는 피봇의 유형을 다음과 같은 10가지 유형으로 구분하고 있기도 하다.

1) 줌인(zoom-in) 피봇

기존 사업모델 혹은 제품의 일부분을 전체 제품 및 서비스의 핵심으로 수정하는 방법이다. 인기있는 핵심 제품이나 서비스에 집중함으로써 해당 매력을 강화하면서 가능성을 제고하는 것이다.

기존 MVP(Minimal Viable Product, 최소기능제품)제품이나 서비스 중 일부분에서 새로운 가능성과 기회를 확인하고 해당 부분을 핵심 사업모델로 전환하여 새로운 사업 전략과 비즈니스모델을 전면 수정하는 것이다.

유튜브(YouTube)의 경우, 첫 MVP는 비디오 데이팅 사이트 였으나 소비자들의 반응이 미미하자 서비스 중의 하나였던 영상 공유 모델을 서비스의 핵심 모델로 채택하여 성공을 거두었다.

2) 줌아웃(zoom-out) 피봇

줌 아웃 피봇은 기존 제품과 서비스에 추가적인 기능이나 서비스를 추가하여 더 많은 기능과 서비스를 제공하는 제품과 서비스 사업모델로 만드는 것이다.

"엘프(Yelp!)"는 미국의 식당/카페 및 로컬 비즈니스 리뷰 서비스로 원래 유저들끼리 이메일로 식당이나 카페 같은 곳을 추천하고 받을 수 있게 하는 서비스였다. 엘프는 피봇팅을 통하여 사업영역이 확대된 "로컬 비즈니스 리뷰 사이트"로 확대하고 당초의 식당/카페 리뷰는 하나의 서비스이며 이외에도 홈서비스, 딜리버리 등 다양한 로컬 비즈니스에 대한 리뷰서비스를 제공하고 있다.

3) 고객세분화(customer-segmentation) 피봇

스타트업의 타겟 고객시장(customer segment)을 수정하는 것으로 당초 시장세분화를 통하여 타겟시장을 정하고 MVP제품을 런칭하였는데, 당초와는 다른 타겟시장의 고객이 반응을 보이는 경우가 존재한다.

또는 기존 타겟시장의 반응이 없을 때 다른 타겟시장의 가능성을 염두에 두고 타겟시장을 전환하는 경우도 존재할 것이다.

4) 고객 니즈(customer-needs) 피봇

당초 사업모델의 MVP가 고객의 니즈를 제대로 충족시켜주지 못하는 것을 발견하고 고객의 니즈를 충족하는 새로운 제품이나 제품과 사업모델을 수정하여 대응하는 경우이다.

이 유형은 동일한 타겟고객을 대상으로 니즈를 충족하는 새로운 제품이나 서비스, 기존 제품과 서비스의 수정으로 대응하는 경우이다.

'페이팔(PayPal)'은 당초 PDA를 통한 돈을 주고 받을 수 있는 서비스인 Cofinity를 운영했으나 고객들이 돈을 주고 받는 서비스를 PDA밖에서도 원하기 시작하자 페이팔은 PDA에서만 국한했던 서비스를 버리고 온라인 상에서의 금전 거래 시스템으로 전환하여 성공을 거두고 있다.

5) 플랫폼(platform) 피봇

기존 앱을 개발하던 회사가 그 어플리케이션이 구동될 플랫폼을 개발하기 시작하거나 플랫폼을 개발하던 회사가 어플리케이션을 개발하게 되는 경우다.

카카오톡은 메세징 앱으로 출발했으나 카카오톡을 운영하며 다음카카오 플랫폼 위에서 카카오스토리, 카카오그룹, 카카오앨범, 그리고 연동된 게임 및 다양한 서비스들을 플랫폼으로 통합하고 있다.

6) 사업 구조(Business architecture) 피봇

기존 고이윤 & 소규모시장에서 저이윤 & 대규모시장으로 확대 또는 변환하거나 반대로 저이윤 & 대규모시장에서 고이윤 & 소규모시장으로 이동하는 경우이다. 또는 B2B에서 B2C로 B2C에서 B2B로 B2B에서 B2G 등으로 전환 또는 확대하는 경우도 해당할 수 있다.

"에이수스(Asus)"는 세계 최대의 마더보드 기업이었지만 이제는 개인 컴퓨터와 모바일 기기를 만드는 시장에서도 비즈니스를 수행하고 있다.

7) 가치 캡쳐(value capture) 피봇

스타트업 가치(value)를 획득하는 방법이나 전략을 수정하는 경우로 수익모델(revenue model)을 재구성하거나 수정하는 경우가 해당한다.

"워드프레스"는 새로운 웹개발 플랫폼을 만들어내고 이를 무료 오픈 툴을 제공하는 WordPress.com 블로그 플랫폼상에서 광고 제거/테마/호스팅비용으로 수익을 창출해내는 모델을 만들어냈다.

8) 성장엔진(growth engine) 피봇

스타트업이 어떤 방식으로 성장하려 하는지에 대한 피봇 방법이다. 바이럴(viral), 고정(sticky), 그리고 유료(paid) 수익모델 중 가장 효과적인 모델을 선택하게 된다.

스타트업에 따라서는 성장의 모형을 시장에서의 강력한 입소문으로 고객을 확보하고 이 고객을 기반으로 수익모델을 만들어가는 경우도 존재하고 처음부터 명확한 타겟고객과 차별적인 가치 제공으로 대상으로 하는 유료 사업모델로 진입하는 경우도 존재한다.

9) 채널(channel) 피봇

기업이 판매하는 채널(경로)을 바꾸는 것을 말한다. 최근 페이스북과 인스타그램, 유튜브 등을 활용한 라이브방송 등으로 새로운 채널을 확대하고 있는 경우도 여기에 해당한다.

10) 기술(technology) 피봇

기존 고객군과 고객 니즈를 충족시키는 제품을 유지하고 가치 획득 방법 역시 그대로 유지하되, 새로운 차원의 기술로 제품을 구동·구현시키는 피봇이다.

🎯 스타트업 피봇(pivot) 사례는?

1) Paypal

Paypal은 처음에는 전자메일을 통한 암호화폐 서비스를 제공하는 기업으로 시작했지만, 이후 인터넷 결제 시장으로 전환하였다. 이후 Paypal은 eBay의 결제 서비스로 사용되는 대표주자로 부상했다.

2) Instagram

Instagram은 처음에는 Burbn이라는 위치 기반 소셜 네트워크 앱으로 출시되었지만, 이후 사용자들이 사진 공유에 더 많은 관심을 보이면서 사진 공유 플랫폼으로 전환하였다. 이를 통해 Instagram은 현재 전 세계적으로 사진 및 동영상 공유 플랫폼으로 성장하였다.

3) Slack

Slack은 처음에는 게임 개발자를 위한 커뮤니케이션 툴로 출시되었지만, 이후 오피스 커뮤니케이션 툴로 전환하였다. Slack은 현재 전 세계적으로 많은 기업에서 사용되는 대표적인 업무용 메신저 툴로 자리매김하고 있다.

4) Twitter(X)

Twitter(X)는 처음에는 상호 의사 소통을 위한 블로그 플랫폼인 Odeo에서 출발하였지만, 이후 짧은 메시지를 공유하는 플랫폼으로 전환하였다. 이를 통해 Twitter는 현재 전 세계적으로 인기 있는 소셜 네트워크 플랫폼으로 성장하였다.

5) YouTube

YouTube는 처음에는 비디오 데이팅 사이트로 출시되었지만, 이후 유저들이 업로드한 비디오 공유 플랫폼으로 전환하였다. 이를 통해 YouTube은 현재 전 세계적으로 가장 큰 온라인 비디오 공유 플랫폼으로 자리매김하였다.

이러한 대표적인 피봇 사례들을 보면 기업이 처음 기획한 비즈니스모델이나 제품, 서비스를 변화시키는 것이 어려운 결정이지만, 이를 통해 더 나은 방향으로 성장할 수 있는 가능성이 열리는 것을 알 수 있다.

최근의 빅데이터, 인공지능, 블록체인, IoT 등의 기술발전은 기존 기술대비 보다 업그레이드된 기술로 고객의 가치를 높일 수 있게 되었다. 다만 대체되는 기술이 기존의 기술보다 얼마만큼 효과적이고 우월한가에 따른 답이 스타트업의 성패를 좌우하게 된다 .

이와 같이 피봇은 "제품, 사업모델, 성장 엔진에 대한 새롭고 근본적인 가설을 테스트하도록 디자인된 특별한 구조적인 변화"로 특별히 사업의 본질을 변화시키는 것은 아닌 것이다.

오늘도 치열한 창업시장에서 기존 사업모델의 경쟁력 강화와 성공적인 사업화를 고민하는 스타트업에게는 어떻게 피봇을 할 것인지? 피봇팅을 통한 성공적인 사업화 접근의 전략과 관련하여 불면의 밤을 지새우고 있을 것이다.

환경의 변화만큼이나 변화가 무쌍한 비즈니스 영역에서 성공적인 피봇팅을 통하여 성과를 창출하는 스타트업들이 많아지길 기대해본다!

🎯 스타트업 죽음의 계곡과 캐즘

왜 '죽음의 계곡(death valley)'과 '캐즘(chasem)'에 대한 이해가 필요할까? 스타트업의 죽음의 계곡과 캐즘 개념을 이해하는 것은 스타트업 경영자나 창업가들에게 매우 중요하다.

그 이유는 다음과 같다.

첫째, 죽음의 계곡과 캐즘은 스타트업이 성장하는 과정에서 불가피하게 겪게 되는 어려움이다. 이러한 현상을 사전에 인식하고 대처하는 것은 스타트업이 성장하는데 매우 중요하다.

둘째, 죽음의 계곡과 캐즘은 스타트업의 생존과 성장에 영향을 미친다. 이를 극복하지 못한 스타트업은 많은 비용과 시간을 들이고 실패할 가능성이 높다. 하지만 죽음의 계곡과 캐즘을 극복하고 나아가 성장하는 스타트업은 더욱 성공할 가능성이 크다.

셋째, 죽음의 계곡과 캐즘을 극복한 성공 사례들은 많은 창업가들이 배울 수 있는 좋은 교훈을 제공한다. 이러한 사례들을 분석하고 이를 참고하여 자신의 기업에 적용한다면 더욱 효율적으로 성장할 수 있을 것이다.

따라서 스타트업 창업자나 경영자는 죽음의 계곡과 캐즘 개념을 이해하고 대처하는 것이 필수적이다.

이를 통해 성장과 생존을 위한 노력을 할 수 있고 성공할 가능성을 높일 수 있는 것이다.

그렇다면 죽음의 계곡(Death Valley)은 무엇이고 그 현상은 어떠할까?

죽음의 계곡은 기업이 새로운 제품이나 서비스를 출시했을 때 초기 수익이 부족하고 시장에서 관심을 받지 못하는 현상을 말한다.
이는 새로운 제품이나 서비스가 아직 시장에 정착되기 전에 경험하는 현상이며 이러한 상황에서 기업은 자금이 부족해지고 직원들의 해고가 이어지는 등 생존에 대한 위기를 맞게 된다.

【죽음의 계곡과 캐즘】

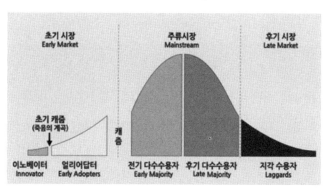

■ 자료 : Moore. 1991

또 다른 캐즘(Chasm) 개념과 현상은 어떠할까?

캐즘은 기술혁신 기업이 초기 시장 선점에서 큰 성공을 거두었지만, 이후 주류 시장으로 진입하려고 할 때 경험하는 어려움을 말한다.

이는 초기 시장 선점에서 성공한 사용자 그룹과 주류 시장을 이루는 사용자 그룹 간에 차이가 있어, 기업이 이러한 사용자 그룹에 맞게 제품이나 서비스를 재조정해야 하는 경우가 많기 때문이다. 이러한 상황에서 기업은 새로운 시장을 개척하는 것이 어렵고 경쟁 업체들과의 경쟁에서 밀려 생존에 위기를 맞게 되는 것이다.

죽음의 계곡과 캐즘을 극복하기 위해서는 기업이 현재 시장 상황을 충분히 파악하고 고객 요구에 맞는 제품이나 서비스를 출시하는 것이 중요하다. 이를 위해 기업은 시장조사를 철저하게 실시하고 고객의 피드백을 수용하여 제품이나 서비스를 개선하거나 새로운 시장을 개척하는 등의 전략을 수립해야 한다.

실제 사례 죽음의 계곡과 캐즘 현상은 많은 스타트업에서 경험한 문제이다. 그 중에서도 유명한 사례로는 Amazon, Apple, Tesla 등이 있다.

Amazon은 처음에는 인터넷 서점으로 출발했지만, 이후에는 다양한 제품과 서비스를 제공하는 전자상거래 기업으로 변화하면서 캐즘 현상을 극복하였다. Amazon은 초기에는 책과 DVD 등의 제품을 판매하는 데 집중하였지만, 이후에는 다양한 제품과 서비스를 제공하면서 주류 시장에 진입하였다.

Apple은 초기에는 전문가들이 사용하는 컴퓨터를 주력 제품으로 출시하였지만, 이후에는 Macintosh라는 개인용 컴퓨터를 출시하면서 대중 시장에 진출하였다. 이를 통해 Apple은 캐즘을 극복하고 대중 시장에서 큰 성공을 거두었다.

Tesla는 초기에는 전기 자동차 시장을 개척하기 위해 설립되었지만, 초기에는 수익을 올리기 어렵다는 문제가 있었다. 하지만 Tesla는 자사의 기술력과 미래 비전에 대한 확신을 바탕으로 지속적인 자금조달과 기술개발에 투자하여 죽음의 계곡을 극복하였다. 이후에는 자동차 시장에서 큰 성공을 거두면서 급격한 성장을 이룩하게 되었다.

죽음의 계곡과 캐즘은 스타트업이 성장하는 과정에서 다수가 겪게 되는 문제이다. 하지만 이러한 상황에서도 기업이 적극적으로 대처하고 융통성 있는 전략을 구사하면 성장을 이룰 수 있을 것이다.

🎯 스타트업 J-Curve와 단계별 성장모형

스타트업의 성장모형과 관련하여 '하워드 러브'의 스타트업 J-CURVE를 들 수 있다.

스타트업의 모든 성장과정을 대변할 수 는 없겠지만, 전반적인 스타트업의 성장과정을 이해하는 데 도움이 될 수 있는 인사이트를 얻을 수 있을 것이다

하워드 러브는 스타트업의 창업, 시제품 및 서비스 개발, 마켓-시장 fit, 린 스타트업을 통한 비즈니스모델 셋팅, 스케일업, 수확 등의 과정을 6단계로 구분하고 다음과 같이 제시하고 있다.

그리고 창업으로 부터 사업화를 위한 성공적인 시장 진입의 과정, 즉, 제품이나 서비스의 개발과정을 죽음의 계곡으로 제시하고 있다.

【스타트업 J-curve】

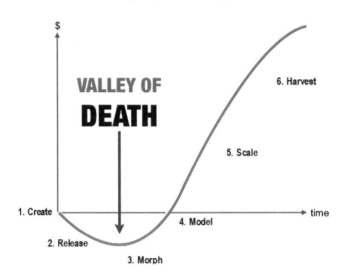

■자료 : The Start-up J curue, Howard Love

Startup J Curve의 6 단계는 다음과 같다.

1단계: 창업 시작(Create)

창업의 열정과 제품 및 서비스에 대한 기대로 시작하여 창업의 핵심 요소인 아이디어(기회), 팀, 자본을 기반으로 창업에 뛰어드는 시기이지만 전반적으로는 아이디어에 기반하여 상대적으로 자본은 취약하며 팀은 초기 창업팀으로 출발하게 된다.

초기 팀과 자본을 확보하기 위한 열정적인 활동으로 크라우드펀딩, 엑셀러레이터, 엔젤투자 등과 접촉하게 된다. 국내의 경우 창업지원사업 공모 접근을 통한 지원선정으로 창업아디이어를 구현하는 시기이기도 하다.

　　　　　　　　　　　　　　　　　　　스타트업 창업 인사이트

2단계: 시제품, 테스트마켓 출시(Release)

창업팀이 시제품 또는 베타테스트 제품 등 테스트마켓을 대상으로 하는 시제품을 출시하고 시장으로부터 피드백을 받는 시기이다.

실제 시장에서 냉정한 평가와 비판 등을 통해 제품의 개선방향 등을 수렴하는 단계이기도 하다. 일반적으로 엔지니어 기반, 기술기반, 아이디어 기반의 창업자 및 스타트업은 자신의 아이디어에 대한 과신, 기술에 대한 집착, 현장보다는 이론이나 제품중심의 사고로 시장의 피드백을 등한시하고 제품과 서비스를 출시했다가 큰 실패에 직면하게 되는 경우도 존재하게 된다.

이와 같은 오류를 미연에 방지하기 위해 필요한 단계이나 국내 스타트업의 많은 경우는 이 과정을 생략하고 바로 시장에 뛰어드는 경우가 많다. 특히 창업지원사업의 경우 아이디어의 지원사업 선정 이후 바로 사업자등록과 제한된 시간내 지원자금의 집행을 통한 시제품 개발 등의 과정을 거치게 되므로 현실적으로 '마켓-제품 FIT'의 과정을 거치지 못하고 리스크에 직면하게 되는 경우가 많을 수밖에 없다.

최소기능제품(Minimum Viable Product, MVP)은 고객의 피드백을 받아 최소한의 기능(features)을 구현한 제품으로 완성도 낮은 MVP(Low-fidelity MVP)는 최소한의 기능으로 실제 제품의 형태만을 모방하여 구현된 MVP로 정보를 획득하기 위한 랜딩 페이지, 제품에 대한 컨셉 모형 (cardboard mockup) 등이 있으며 고객의 문제에 대한 유효성을 검증하고 피드백에 사용된다.

완성도 높은 MVP(High-fidelity MVP)는 실제 제품에 가깝게 구현된

MVP로 핵심 기능들을 구현하거나 생산품에 대한 데모 버전으로 실제 품에 가까운 형태로 고객의 솔루션에 대한 유효성을 검증하고 피드백을 모으는 데 주로 사용된다.

3단계 : 변화와 전환(Morph)

스타트업이 고객 및 시장의 피드백을 기반으로 제품 또는 비즈니스모델을 조정하는 과정으로 스타트업에서 사용하는 '피봇(Pivot)'의 과정으로 볼 수 있을 것이다. 여러 번의 피봇팅 과정을 통해 최적의 비즈니스모델을 구축함으로써 시장진출 및 사업화 가능성를 제고하는 것이다.

4단계 : 비즈니스모델 최적화(Model)

스타트업이 비즈니스모델을 최적화하여 시장에 진입하는 단계로 목표는 사업화를 위한 자본 및 마케팅, 유통채널 구축 등을 위한 자본이 필요한 시기이며 실질적인 시장 진입 및 성과창출을 통해 시장에서의 브랜드 위상과 투자자본을 투자자금을 조달하는 시기이기도 하다.

5단계 : 스케일 업(Scale-up)

비즈니스모델이 정립 된 후, 시장 진입의 성과를 기반으로 본격적인 성장을 도모하는 시기이다. 초기 죽음의 계곡과 캐즘을 극복하고 본격적인 성장기반과 시장확대를 도모해야 하는 시기이다.

스케일업 기업은 OECD가 2009년 고성장 기업(High Growth Enterprise)으로 소개한 후, 영국의 쉐리 쿠투(Sherry Coutu)가 '스케일업'이란 이름을 붙이면서 대중화 됐다. 스케일업 기업은 보통 창업 후 5년이 안된 기업들 중에서 고용이 10명 이상이면서 매출 또는 고용이 3년간 평균

15~20% 이상 성장하는 기업을 일반적으로 지칭하고 있다.

【스타트업 성장과정과 죽음의 계곡, 캐즘】

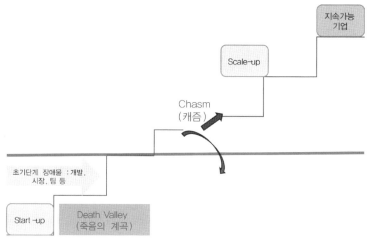

위 그림은 스타트업 기업이 죽음의 계곡과 초기 단계의 여러 장벽을 극복하고 창업단계와 성장단계 사이에 존재하는 "캐즘"을 극복하고 본 격적인 성장 가도에 있는 스케일업 기업을 보여준다.

6단계 : 수익창출, 수확(Harvest)

스타트업이 규모화, 조직화, 사업모델의 안착 등으로 스타트업에 참 여한 창업가 투자자 등이 실질적인 수익창출의 과실을 얻는 단계로 EXIT 단계가 여기에 해당할 것이다. 수익창출은 배당, IPO, M&A, 스 톡옵션 등 다양한 방식으로 가능할 것이다.

■ 투자 회수(Exit)

스타트업과 벤처 생태계에서는 투자자가 중요하다. 급성장하는 시장에서 선도적인 위치를 통해 시장을 주도하기 위해서는 필연적으로 투자유치, 즉, 펀딩이 필요하고 투자하는 투자자인 엔젤, 엑셀러레이트, 벤처캐피탈 등은 투자를 통해 투자수익을 창출하는 것이 목적이다. 투자자가 투자수익을 창출하는 방법은 투자한 기업이 기업을 공개하거나 M&A를 통해 투자수익을 회수하는 방법이 있을 수 있다

이처럼 투자수익을 회수하기 위해 기존 투자한 회사의 주식을 매각할 수 있는 방법을 엑싯(Exit)이라고 한다.

이와 같은 이유로 때문에 스타트업이 투자를 유치하기 위한 투자 제단계에서 투자자의 엑싯(Exit) 모델을 제시하는 것이 필요하다.

Exit은 스타트업 생애 주기에서 가장 중요한 마지막 단계로 명확한 전략을 세우는 것이 중요하다.

Exit에 대한 계획을 투자자에게 제시하지 못한다면 투자한 돈을 회수할 수 있는 방법을 제안하지 못한 것이므로 투자유치를 기대하는 것이 무리일 것이다.

■ IPO(Initial Public Offering, 기업공개)

기업공개(IPO)는 기존 비상장 상태의 기업을 주식시장에서 공개하여 해당 기업의 자본이 공개되고 해당 기업의 주식을 주식시장을 통해 자유롭게 매매할 수 있도록 하는 상태를 의미한다. 통상 국내에서는 스타트업 기업이 주식시장에 등록한다는 의미로 많이 쓰인다.

성공적인 IPO를 위해서는 적정수준에서 기업을 공개하는 것이 중요

하며 투자자들의 관심을 끄는 것이 필요하다. 때문에 시장 상황에 따른 IPO 시기, 파트너의 선택에 신중해야 한다.

- 인수합병(M&A)

M&A란 기업의 성장을 위한 발전 전략의 하나로 볼 수 있으며 특정 기업이 다른 기업의 경영권을 인수할 목적으로 소유지분을 확보하는 과정을 지칭한다.

M&A의 배경은 기존 기업의 내적 성장 한계를 극복하고 신규사업 참여에 소요되는 기간과 투자비용의 절감, 경영상의 노하우와 숙련된 전문 인력 및 기업의 대외적 신용확보 등 경영전략적 측면에서 발생한다.

스타트업 MVP 개발

1. 스타트업 MVP 개념과 유형

스타트업 MVP(최소기능제품)란, 최소한의 기능만을 가진 제품을 만들어서 빠르게 시장 검증을 하고 사용자들의 피드백을 수집하는 것이다.

MVP를 통해 초기 투자비용을 최소화하고 빠르게 피봇(Pivot)하며 향후 제품 개발 방향성을 파악하는 것이다.

스타트업 MVP의 개발 접근 방법은 크게 3단계로 구분할 수 있다.

1) 아이디어 구상

MVP를 개발하기 위한 초기 아이디어를 구체화하고 기획한다. 이 단계에서는 사용자의 니즈를 파악하고 경쟁 제품과의 차별점을 분석하며 제품 기능의 최소한의 범위를 정한다.

2) 개발

MVP를 개발하기 위한 초기 버전을 개발한다. 이 단계에서는 최소한의 기능만을 개발하고 적극적인 피드백을 수집하기 위해 초기 사용자들을 찾아내야 한다.

3) 검증

MVP를 사용한 사용자들로부터 피드백을 수집하고 피드백을 바탕으로 제품을 개선한다. 이 단계에서는 사용자들의 피드백을 수집하고 분석하여 제품의 문제점과 개선 방향을 도출하고 검증한다.

▎ 2. 스타트업 MVP 개발시 유의사항

MVP 개발시 유의사항은 다음과 같다.

1) 최소한의 기능만을 개발

MVP는 최소한의 기능만을 제공하는 제품이다. 따라서 과도한 기능 추가는 MVP 개발을 지연시키고 초기 투자비용을 증가시킬 수 있다. 개발할 기능을 최소한으로 유지하고 핵심 기능에 집중하여 MVP를 개발하는 것이 중요하다.

2) 초기 사용자 피드백 수집

MVP를 통해 초기 사용자 피드백을 수집하는 것이 중요하다. 초기 사용자의 피드백을 통해 제품의 문제점을 파악하고 보완할 부분을 찾아내어 빠르게 개선할 수 있다. 초기 사용자를 찾는 것이 중요하다.

3) 기술 스택 선택

MVP를 개발할 때는 기술 스택을 선택하는 것이 중요하다. 기술 스택은 개발 시간과 비용에 큰 영향을 미치기 때문에 선정한 기술 스택이 실제 운영 시에도 유지보수가 용이하도록 선택하는 것이 중요하다.

4) 사용자 경험

MVP의 핵심은 사용자의 니즈를 충족시키는 것이다. 따라서 MVP 개발 과정에서는 사용자 경험(UX)에 대한 고민이 필요하다. 사용자들이 제품을 사용하는 데 어려움을 느끼지 않도록 적절한 UI/UX 디자인이 필요하다.

5) 안정성

MVP 개발 과정에서 안정성은 매우 중요한 요소이다. 안정성이 부족하면 사용자들이 제품을 불신하고 떠나게 되며 제품의 신뢰성과 브랜드 가치를 훼손시킬 수 있다.

따라서 MVP 개발 시 다음과 같은 안정성 관련 유의사항을 고려해야 한다.

① 안정성 테스트

MVP를 출시하기 전에 안정성 테스트를 진행해야 한다. 안정성 테스트를 통해 제품의 안정성을 확인하고 문제가 발생한 경우 개선 작업을 진행할 수 있다. 안정성 테스트는 시스템 또는 소프트웨어의 기능, 신뢰성, 성능, 보안 등의 측면을 검증한다.

② 버그 테스트

MVP에서는 기능이 제한적이므로 이에 대한 테스트를 더욱 중요하게 고려해야 한다. 버그 테스트는 제품의 오류나 결함을 찾아내는 테스트로 문제를 미리 파악하고 개선할 수 있다. MVP 개발 과정에서는 버그 테스트를 반복적으로 수행해야 한다.

③ 데이터 백업

MVP에서는 사용자 데이터가 적지만, 데이터의 유실은 치명적일 수 있다. 따라서 데이터 백업을 철저히 관리하여 사용자 데이터가 유실되지 않도록 해야 한다. 데이터 백업은 일정 주기로 정기적으로 수행하는 것이 좋다.

④ 보안

사용자의 개인정보나 민감한 정보를 다루는 MVP의 경우 보안도 중요한 문제이다. 따라서 보안에 대한 고민이 필요하며 적절한 보안 기술과 절차를 도입하여 데이터 유출과 같은 보안 위협으로부터 제품을 보호해야 한다.

⑤ 운영 환경

MVP의 운영 환경 역시 안정성을 고려해야 한다. 제품 운영 환경은 안정성이 보장되는 환경이어야 하며 서버 용량과 네트워크 대역폭 등의 리소스를 적절하게 확보하여 운영을 안정적으로 수행할 수 있도록 해야 하는 것이다.

MVP는 초기 아이디어를 검증하고 개선하기 위한 단계이다. 따라서 MVP 개발 과정에서 사용자들의 피드백을 토대로 필요한 경우 피봇(Pivot)할 수 있도록 개발 계획을 수립하는 것이 중요하다.

초기 계획에서 벗어날 수 있음을 염두에 두고 개발해야 하는 것이다.

스타트업 기업가 정신과 ESG

"Entrepreneurship can play a significant role in creating social value. Startups can have a positive impact on society and the environment by following ESG principles."

(기업가 정신은 사회적 가치 창출에 중요한 역할을 할 수 있다. 스타트업은 ESG 원칙을 따르면서 사회와 환경에 긍정적인 영향을 미칠 수 있다.)

-Thierry Malleret and Richard Edelman, Inclusive Growth-

🎯 스타트업 기업가 정신은?

스타트업 창업자들은 기업가 정신을 가지고 있어야 한다. 스타트업 창업은 새로운 시장을 개척하고 경제적 가치를 창출하는 것을 목표로 하기 때문에 창의적인 아이디어와 도전 정신, 경쟁력 있는 비즈니스모델 등이 필요하다.

또한, 스타트업 창업은 높은 위험과 불확실성을 동반하고 있기 때문에 실패에 대한 대처 능력도 필수적이다.

스타트업 기업가 정신은 스타트업이 새로운 아이디어를 발굴하고 이를 토대로 창업을 시작하며 변화하는 시장에 대응하여 빠르고 유연하게 대처할 수 있는 능력을 키워준다. 스타트업 기업가 정신은 창업자들이 기업을 성장시키는 데 필요한 역량을 제공하며 창업자의 성장과 기업의 성장을 동시에 이루어낼 수 있도록 돕는다.

또한, 스타트업 기업가 정신은 새로운 비즈니스모델과 기술을 개발하여 혁신적인 제품과 서비스를 출시하는 데도 중요한 역할을 한다. 스타트업 창업자들은 기업가 정신을 바탕으로 새로운 시장을 발굴하고 혁신적인 제품과 서비스를 개발하여 경쟁력을 유지하고 성장할 수 있다.

따라서 스타트업 창업자들은 스타트업 기업가 정신을 가지고 창업을 시작하며 이를 지속적으로 강화하여 기업을 성장시켜 나가야 한다. 스타트업 기업가 정신을 가진 창업자들은 경쟁력 있는 제품이나 서비스를 개발하며 새로운 시장을 개척하고 성장할 수 있는 능력을 갖추게 된다.

기업가 정신이란, 새로운 비즈니스모델이나 제품을 개발하여 새로운 시장을 개척하고 경제적 가치를 창출하는 것을 목표로 하는 창업가의 열정과 태도를 의미한다. 기업가 정신은 창업가의 창의성, 도전 정신, 성취욕, 자기주도성 등의 개인적인 요소와, 시장분석, 경쟁력 확보, 사업모델 개발 등의 비즈니스 요소가 결합된 결과물이다.

일반적으로 기업가 정신의 핵심 요소는 크게 다음과 같다.

【기업가 정신의 핵심요소】

1) 창의성과 도전 정신

새로운 아이디어를 도출하고 이를 실현하기 위해 적극적으로 도전하는 자세를 가지고 있어야 한다.

2) 성취욕과 자기주도성

목표를 세우고 이를 달성하기 위해 자기주도적으로 움직이는 자세를 가지고 있어야 한다.

3) 시장분석과 경쟁력 확보

시장의 변화를 지속적으로 분석하고 이에 따라 제품이나 서비스를 개발하여 경쟁력을 확보해야 한다.

4) 실패에 대한 대처능력

실패에 대한 두려움 없이 빠르게 대처하고 그로 인한 학습과 성장을 추구해야 한다.

🎯 스타트업에게 기업가 정신이 필요한 이유

스타트업 창업자에게 기업가 정신이 중요한 이유는 다음과 같다.

1) 창의적인 아이디어와 비즈니스모델 개발의 원동력

스타트업 창업자는 기존 시장에서는 해결되지 않았거나 새로운 가치를 창출할 수 있는 아이디어를 가지고 창업을 시작한다. 이를 토대로 창업자는 창의적인 비즈니스모델을 개발하여 시장에서 경쟁력을 확보해야 한다. 기업가 정신을 가진 창업자는 새로운 아이디어와 비즈니스모델을 창출하며 이를 통해 창업을 성공시킬 수 있다.

2) 빠른 대처능력과 실패에 대한 대처능력의 강화

스타트업 창업은 높은 위험과 불확실성을 동반하고 있다. 창업자는 변화하는 시장에 대응하여 빠르고 유연하게 대처할 수 있는 능력을 가져야 한다. 또한, 실패에 대한 대처능력도 필수적이다. 기업가 정신을 가진 창업자는 실패를 두려워하지 않으며 실패에 대한 대처능력을 갖추고 이를 통해 성장할 수 있는 기회를 찾을 수 있다.

3) 창업의 목적과 가치에 대한 이해도 제고

스타트업 창업은 경제적인 가치 창출뿐만 아니라, 사회적 가치 창출도 중요하다. 스타트업 창업자는 창업의 목적과 가치에 대한 이해가 필요하며 이를 토대로 창업을 시작해야 한다. 기업가 정신을 가진 창업자는 창업의 목적과 가치를 이해하고 이를 바탕으로 사회적 가치를 창출하는 기업을 성장시킬 수 있다.

기업가 정신을 바탕으로 창업에 도전하는 것은 스타트업 창업자에게 다음과 같은 기대효과를 거둘 수 있다.

1) 창의적인 아이디어와 비즈니스모델을 개발할 수 있음

기업가 정신을 가진 창업자는 창의적인 아이디어와 비즈니스모델을 개발할 수 있다. 이를 통해 새로운 시장을 개척하고 경쟁력을 확보할 수 있다.

2) 실패에 대한 대처능력이 높아짐

기업가 정신을 가진 창업자는 실패를 두려워하지 않으며 실패에 대한 대처능력을 갖추고 이를 통해 성장할 수 있는 기회를 찾을 수 있다.

3) 빠른 대처능력과 유연성이 높아짐

기업가 정신을 가진 창업자는 변화하는 시장에 대응하여 빠르고 유연하게 대처할 수 있다. 이를 통해 새로운 기회를 발굴하고 기업을 성장시킬 수 있다.

4) 사회적 가치 창출이 가능해짐

기업가 정신을 가진 창업자는 창업의 목적과 가치를 이해하고 이를 바탕으로 사회적 가치를 창출하는 기업을 성장시킬 수 있다. 이를 통해 사회적 문제를 해결하고 지속 가능한 비즈니스모델을 구축할 수 있다.

따라서 스타트업 창업자들은 기업가 정신을 가지고 창업에 도전해야 한다. 기업가 정신을 가진 창업자는 창의적인 아이디어와 비즈니스모델을 개발하며 실패에 대한 대처능력과 빠른 대처능력을 갖추고 사회적 가치를 창출하는 기업을 성장시킬 수 있다. 이를 통해 창업자는 경제적인 가치뿐만 아니라, 사회적 가치도 창출하며 새로운 시장을 개척하고 성장할 수 있는 기회를 찾을 수 있다.

 ## 스타트업과 ESG

ESG는 Environment, Social, Governance의 약자로 기업의 환경, 사회, 거버넌스 측면에서의 지속 가능성을 평가하는 기준을 말한다.

기업이 이러한 측면에서 성과를 내는 것은 단순히 금전적인 이유뿐만 아니라, 장기적인 시각에서 기업의 지속 가능성과 사회적 책임감을 보여주는 것으로 간주되는 것이다.

환경 측면에서는 기업이 대기 오염, 물 오염, 폐기물 관리, 기후 변화 등과 같은 문제에 대응하는 방법을 고민하고 이를 개선하려는 노력을 보여주어야 하며 사회 측면에서는 기업이 노동자의 권리와 안전, 소비자 보호, 지역사회 개발 등의 문제에 적극적으로 대처해야 한다. 또한 거버넌스 측면에서는 기업의 내부 조직과 관리 체제, 윤리적 행동, 투명성, 이사회의 역할 등을 평가한다.

【ESG의 개념】

ESG가 중요해진 이유는 기업의 지속 가능성은 투자자와 소비자 등 다양한 이해관계자들의 관심사로 떠오르면서 기업이 ESG 측면에서 얼마나 성과를 내고 있는지가 더욱 중요한 경쟁력 요인이 되기 때문이다. 또한, 지속 가능한 경영과 사회적 책임감을 가진 기업이 금융시장에서 유리한 대우를 받는 경향이 있다.

현재 ESG 트렌드는 기업의 ESG 성과를 평가하는 지표와 방법론이 다양해지고 있으며 이를 토대로 기업들은 ESG 투자의 요구에 대응하기 위해 환경 보호, 사회적 책임 강화, 거버넌스 투명화 등 다양한 노력을 기울이고 있다.

스타트업 창업 인사이트

또한, ESG 투자에 대한 수요도 증가하면서 ESG 투자 상품들의 다양성과 수익성이 높아지고 있다. 이러한 ESG 트렌드는 미래에도 지속될 것으로 보이며 기업의 ESG 성과는 기업의 경쟁력과 성장 가능성에 큰 영향을 미칠 것으로 예상된다.

【ESG의 주요 범위】

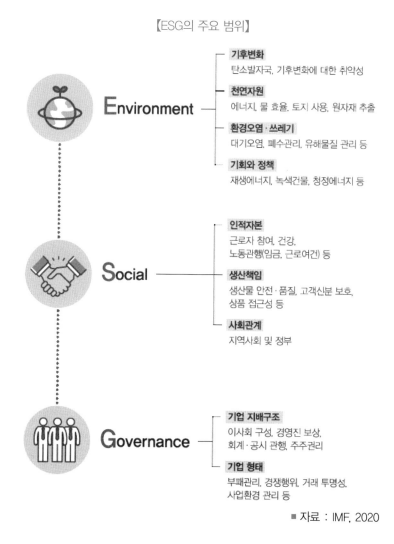

- **기후변화**
  탄소발자국, 기후변화에 대한 취약성
- **천연자원**
  에너지, 물 효율, 토지 사용, 원자재 추출
- **환경오염·쓰레기**
  대기오염, 폐수관리, 유해물질 관리 등
- **기회와 정책**
  재생에너지, 녹색건물, 청정에너지 등

Environment

- **인적자본**
  근로자 참여, 건강,
  노동관행(임금, 근로여건) 등
- **생산책임**
  생산물 안전·품질, 고객신분 보호,
  상품 접근성 등
- **사회관계**
  지역사회 및 정부

Social

- **기업 지배구조**
  이사회 구성, 경영진 보상,
  회계·공시 관행, 주주권리
- **기업 형태**
  부패관리, 경쟁행위, 거래 투명성,
  사업환경 관리 등

Governance

■ 자료 : IMF, 2020

스타트업이 ESG를 고려해야 하는 이유는 다양하다.

첫째, ESG는 기업의 지속 가능성과 사회적 책임성을 보여주는 지표이기 때문에 투자자들이 ESG 측면에서 성과가 좋은 기업에 더 많은 자금을 투자하는 경향이 있다. 따라서 ESG를 고려하지 않는 스타트업은 자금조달이 어려울 수 있다.

둘째, ESG를 고려하는 기업은 고객들의 신뢰를 얻을 수 있다.

셋째, ESG를 고려하는 기업은 지속 가능한 성장모델을 구축할 수 있으며 이는 장기적으로 기업의 경쟁력을 높이는 요인이 될 수 있다.

넷째, 최근에는 ESG를 고려한 투자가 활발하게 이루어지고 있다. 투자자들은 지속 가능한 경영과 사회적 책임을 고려한 기업에 투자하고자 하는 경향이 있으며 이에 따라 ESG가 기업의 평가 지표로 활용되고 있다. 따라서 스타트업은 ESG를 고려한 경영을 할 경우, 투자자들의 요구에 부응할 수 있어 투자유치에 유리할 수 있다.

다섯째, ESG를 고려한 경영은 기업의 가치를 높이는 중요한 요소이다. ESG를 고려한 경영은 기업의 지속 가능성을 높이며 이는 기업의 이미지 개선과 더불어 기업 가치 증대로 이어진다. 또한, 스타트업은 ESG를 고려한 경영을 통해 사회적 가치 창출과 환경 보호에도 도움이 되며 이는 더 넓은 시각에서 기업의 가치를 높일 수 있는 요소이다.

여섯째, ESG는 기업의 법규 준수와 감사에도 영향을 미친다. ESG를 도입하고 구축하면 기업의 법규 준수와 감사가 원활하게 이루어질 수 있으며 이는 기업의 안정적인 경영을 지원하는 요소가 된다.

일곱째, ESG는 기업의 지속 가능한 경영과 사회적 책임을 평가하는 지표이다. 스타트업은 빠르게 성장할 수 있는 기업이지만, 그만큼 사회적 책임도 커진다. ESG를 도입하고 구축하여 사회적 책임을 이행하는 경영을 할 수 있도록 노력해야 한다.

따라서 스타트업은 ESG에 대한 관심을 가져야 한다. ESG를 고려한 경영은 투자자들의 요구에 부응할 수 있으며 기업의 가치 향상과 법규 준수와 감사에도 도움이 된다. 또한, ESG를 고려한 경영은 사회적 가치 창출과 환경 보호에도 도움이 되며 이는 더 넓은 시각에서 기업의 가치를 높일 수 있는 요소이다.

ESG 관련해서는 기업이 ESG에 대한 책임을 회피하거나 투자자들에게 거짓 정보를 제공하여 자금을 조달하는 등의 행위가 모럴헤저드에 해당할 수 있다. 예를 들어, 기업이 환경 문제를 해결하기 위한 노력을 하지 않으면서도 환경 친화적인 이미지를 갖기 위해 환경 보호와 관련된 광고를 하거나 녹색 사업으로 거듭나기 위한 자금을 조달하는 것은 모럴헤저드가 될 수 있다.

스타트업의 전략적인 ESG 도입

▎ 1. 스타트업이 ESG를 전략적으로 활용해야 하는 이유

스타트업이 ESG를 전략적으로 활용해야 하는 이유는 여러 가지가 있다.

첫째, ESG는 금융 시장에서 중요한 평가요소가 되고 있다. 투자자들이 ESG 측면에서 뛰어난 기업에 더 많은 자금을 투자하는 경향이 있기 때문에 ESG에 대한 높은 성과를 보여주는 스타트업은 자금조달에 유리한 지위를 갖게 된다.

둘째, ESG는 기업의 지속 가능성과 사회적 책임성을 보여주는 지표이다. 스타트업은 많은 경우, 새로운 아이디어와 비즈니스모델을 가지고 있기 때문에 이들이 사회적 문제와 연관이 있다면 ESG를 고려하지 않으면 그들의 기업가치를 실제 가치보다 작게 평가 받을 수 있다.

셋째, ESG는 고객과 노동자들의 신뢰를 얻을 수 있는 요소이다. 소비자들은 더욱 지속 가능한 제품과 서비스를 선호하고 노동자들은 더욱 공정하고 안전한 작업 환경에서 일할 수 있는 기회를 원한다. 스타트업이 ESG 측면에서 뛰어난 성과를 보여주면 고객과 노동자들은 더욱 이들에게 신뢰를 갖고 적극적으로 협력하게 된다.

넷째, ESG를 전략적으로 활용하는 것은 비즈니스 전략의 장기적인 성장을 위해 중요하다. 지속 가능한 비즈니스모델을 구축하면 기업은 장기적으로 지속 가능한 성장을 이룰 수 있으며 기업가치의 증가와 경쟁력 강화에 이바지할 수 있다.

이러한 이유들로 인해 스타트업은 ESG를 전략적으로 활용하여 장기적인 성장을 위한 기반을 마련하고 지속 가능한 경영과 사회적 책임성을 보여주어야 한다.

▌2. 스타트업이 ESG 경영시스템을 도입 전 고려사항

스타트업이 ESG 경영시스템을 도입하기 전에 고려해야 하는 것은 다음과 같다.

첫째, 경영진의 의지와 리더십이 중요하다. ESG는 기업의 지속 가능성과 사회적 책임성을 보여주는 지표로 이를 고려하지 않고 ESG 경영시스템을 도입하는 것은 효과적이지 않을 수 있다. 따라서 경영진은 ESG에 대한 이해와 인식을 갖고 ESG를 핵심가치로 내재화하고 이를 바탕으로 전략 수립과 실행을 추진해야 한다.

둘째, 적절한 지표와 평가 방법을 선택하는 것이 중요하다. ESG 평가 방법과 지표는 다양하며 스타트업은 자신의 비즈니스모델과 활동을 고려하여 적절한 지표와 평가 방법을 선택해야 한다. 이를 위해 ESG 전문가와 상담하거나 ESG 인증 프로그램을 참조하여 평가 체계를 구축할 수 있다.

셋째, ESG 경영시스템을 구현하는 데 필요한 비용과 리소스를 고려해야 한다. ESG 경영시스템을 구현하기 위해서는 인력, 자금, 기술 등의 리소스가 필요하다. 따라서 스타트업은 ESG 경영시스템 도입에 따른 비용과 리소스를 사전에 계획하고 예산을 설정해야 한다.

넷째, 내부 커뮤니케이션과 문화 변화가 필요하다. ESG 경영시스템을 도입하기 위해서는 기업 내부에서의 커뮤니케이션과 문화 변화가 필요하며 이를 위해 경영진은 ESG 경영시스템 도입에 대한 설명과 교육을 진행하고 모든 조직원이 ESG를 이해하고 적극적으로 참여할 수 있는 기반을 마련해야 한다.

다섯째, 지속적인 개선과 평가가 필요하다. ESG 경영시스템은 지속적인 개선과 평가가 필요하며 이를 위해 스타트업은 주기적으로 ESG 성과를 측정하고 문제점을 파악하여 보완 계획을 수립해야 한다.

이러한 사항들을 고려하여 스타트업은 효과적인 ESG 경영시스템을 구축하고 지속 가능한 성장과 사회적 가치 실현에 이바지할 수 있다. ESG 경영시스템을 도입하기 전에는 이러한 사항들을 충분히 고려하고 전략적인 계획을 수립하여야 하는 것이다.

또한, ESG 경영시스템을 도입하는 것은 단순히 자신의 회사의 성장을 위해서 뿐만 아니라, 사회와 환경에 대한 책임을 다하는 것이다.

스타트업은 자신의 사업모델과 비즈니스 전략을 분석하여 ESG를 어떻게 적용할 수 있는지 탐색하고 이를 효율적으로 활용하는 방법을 모색해 나가야 한다.

ESG 경영시스템을 전략적으로 활용하면 스타트업은 자신의 기업가
치를 높이고 지속 가능한 경영과 사회적 책임성을 보여줄 수 있으며 장
기적인 성장과 발전을 이룰 수 있게 된다.

🎯 스타트업 ESG와 지속가능성 제고

ESG는 기업의 지속 가능한 경영과 사회적 책임을 평가하는 지표로
스타트업이 지속 가능한 기업으로 성장하기 위해 ESG를 어떻게 활용
하는 것이 좋을 지에 대해 다음과 같이 정리할 수 있다.

1) ESG 평가를 수행하고 개선할 부분 파악하기

먼저, ESG 평가를 수행하여 기업의 현재 상황을 파악하고 개선할
부분을 파악해야 한다. 이를 통해 스타트업은 ESG 관련된 각종 요소
를 식별하고 이에 대한 개선방안을 마련할 수 있다.

2) ESG 전략 수립하기

ESG 평가 결과를 바탕으로 스타트업은 ESG 전략을 수립해야 한다.
ESG 전략은 스타트업이 ESG 관련 문제를 어떻게 해결할 것인가에 대
한 방안을 제시하는 것이며 이를 바탕으로 스타트업은 ESG 관련 프로
세스 및 체계를 구축할 수 있다.

3) ESG 관련 인력 배치하기

ESG를 관리할 전담 인력을 배치해야 한다. 스타트업은 ESG를 위한 전담 팀을 구성하거나 기존 팀에서 ESG를 담당할 인력을 선정하여 ESG를 관리하도록 해야 한다. 또한, ESG에 대한 인식과 역량을 강화하도록 훈련 및 교육 프로그램도 마련할 필요가 있다.

4) ESG를 이행하고 개선하기

ESG를 이행하고 그 결과를 투명하게 공개하고 개선하며 지속적으로 발전시켜야 한다. 스타트업은 ESG를 이행하고 이를 효율적으로 관리하기 위해 각종 체계를 구축하고 이를 통해 ESG에 대한 프로세스를 개선할 수 있도록 노력해야 한다.

ESG는 스타트업이 지속 가능한 기업으로 성장하기 위한 중요한 요소이다. ESG를 활용하여 스타트업은 사회적 책임과 환경 보호 등 다양한 측면에서 지속 가능한 경영을 실현할 수 있으며 이는 스타트업의 이미지 개선과 기업 가치 증대로 이어질 수 있다.

따라서 스타트업은 ESG를 중요하게 관리하고 ESG에 대한 인식과 역량을 강화하며 지속적인 개선과 발전을 위해 노력해야 한다. 또한, ESG 관리를 효과적으로 수행하기 위해서는 ESG 평가 및 보고와 같은 프로세스를 체계적으로 수행할 수 있는 인프라와 기술적 지원이 필요하다.

ESG를 활용하여 지속 가능한 기업으로 성장하기 위해서는 다음과 같은 방법들을 고려해볼 수 있다.

1) 지속 가능한 경영을 수행하기 위한 ESG 관리 체계 구축하기

ESG 관리를 위한 프로세스를 구축하고 이를 통해 스타트업의 ESG 평가 및 개선사항을 파악하며 이를 통해 지속 가능한 경영을 실현할 수 있다.

2) ESG를 중심으로 한 제품 및 서비스 개발하기

ESG 관련 요소를 중심으로 한 제품 및 서비스 개발을 통해 스타트업은 환경과 사회를 고려한 제품 및 서비스를 제공함으로써 더욱 지속 가능한 경영을 실현할 수 있다.

3) 인적자원 관리를 통해 ESG 역량 강화하기

ESG 관리에 대한 인식과 역량을 강화하기 위해 스타트업은 ESG에 대한 교육 및 역량강화 프로그램을 제공하여 직원들이 ESG에 대한 이해도를 높일 수 있도록 노력해야 한다.

4) ESG 성과를 투명하게 공개하기

ESG 성과를 투명하게 공개함으로써 스타트업은 투자자와 고객들에게 높은 신뢰를 쌓을 수 있으며 이는 더욱 지속 가능한 경영을 실현하는 데 기여할 수 있다.

ESG를 활용하여 지속 가능한 기업으로 성장하는 것은 스타트업에게 매우 중요한 과제이다. ESG를 고려한 경영은 기업의 지속 가능성을 높이며 이는 기업의 이미지 개선과 더불어 기업 가치 증대로 이어진다. 또한, ESG를 고려한 경영은 사회적 가치 창출과 환경 보호에도 도움이 되며 이는 더 넓은 시각에서 기업 가치를 높일 수 있는 요소이다. 스타트업은 ESG를 고려한 경영을 수행함으로써 지속 가능한 경영을 실현하고 사회적 책임과 환경 보호를 이행할 수 있는 기업으로 성장할 수 있다.

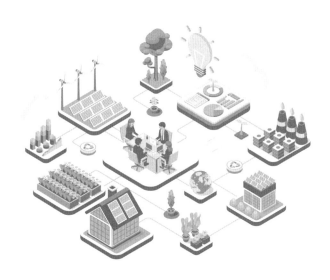

스타트업 사업 타당성
분석과 아이템 선정

"The core of a startup is to build a minimum viable product(MVP), test customer reactions, fail fast, and use that experience to create a better product."

(최소한의 기능을 갖춘 제품(MVP)을 만들어 고객의 반응을 테스트하고 빠르게 실패하고 그 경험을 토대로 더 나은 제품을 만들어내는 것이 스타트업의 핵심이다.)

-Eric Ries(The Lean Startup)-

🎯 스타트업 아이디어와 창업

스타트업 창업 아이디어란, 기존의 문제점을 해결하거나 새로운 가치를 창출할 수 있는 창업 아이디어를 의미한다. 이는 스타트업 창업의 출발점이며 창업자의 아이디어와 비전이 기업을 성공시키는 데 중요한 역할을 한다.

스타트업 창업 아이디어는 창업자의 비전과 목표를 구체화하는 과정이다. 또한, 창업자의 아이디어가 시장의 요구와 부합하고 실제 구현 가능성이 높을수록 스타트업의 성공 가능성이 높아진다. 따라서 스타트업 창업을 위해서는 창업자가 창업 아이디어를 충분히 탐구하고 발굴하며 검증하는 과정이 필요하다.
스타트업 창업 아이디어를 실제로 창업하고 비즈니스를 구현하기 위해서는 창업화 과정이 필요하다.

이를 위해서는 다음과 같은 단계를 거쳐야 한다.

1) 아이디어의 발굴

고객의 문제나 불편, 시장의 요구 등을 파악하여 창업 아이디어를 발굴한다.

2) 아이디어의 검증

시장조사와 고객 인터뷰 등을 통해 아이디어가 구체적이고 구현 가능한지 확인한다.

3) 아이디어의 개선

아이디어가 부족한 부분이나 개선점을 찾아서 아이디어를 보완하고 개선한다.

4) 아이디어의 구체화

아이디어를 구체화하여 비즈니스모델을 수립하고 창업을 준비한다.

스타트업 창업 아이디어는 창업의 기반이 되는 중요한 요소이다. 이는 스타트업 창업자가 성공적인 비즈니스를 구현하기 위해 반드시 고려해야 할 요소이며 아이디어 검증과 개선 등의 과정을 거쳐 구체화되어야 한다. 또한, 창업자가 스타트업 창업 아이디어를 충분히 검토하고 검증하며 시장의 요구와 부합하는 아이디어를 발굴하는 것이 중요하다.

스타트업 창업 아이디어의 창업화 과정은 스타트업의 성패를 좌우하는 중요한 요소이다. 따라서 창업자는 창업 아이디어를 발굴하고 검증하며 개선하며 구체화하는 과정에서 시장의 변화와 요구에 대해 항상 염두에 두어야 한다.

스타트업 창업 아이디어는 반드시 고유한 것일 필요는 없다. 다른 기업과 비슷한 아이디어를 가지더라도, 창업자가 그 아이디어를 발전시키고 고객과 시장에서 차별화된 가치를 제공하는 것이 중요하다. 따라서 스타트업 창업자는 아이디어의 차별화와 구체화를 위해 노력해야 하며 그것이 스타트업의 성공적인 출발점이 될 것이다.

스타트업 창업자가 창의적이고 혁신적인 아이디어를 도출하기 위해서는 다음과 같은 방법들이 유용하다.

1) 문제 탐색과 해결대안 도출

기존에 존재하는 문제를 찾아내고 그 문제를 해결할 수 있는 아이디어를 찾아내는 것이 스타트업 창업의 출발점이다. 따라서 스타트업 창업자는 현실에서 마주치는 문제들에 대해 관심을 가지며 이를 해결할 수 있는 아이디어를 찾아내는 것이 중요하다.

2) 다른 분야 아이디어의 응용

다른 분야의 기술, 제품, 서비스 등에서 영감을 받아 새로운 아이디어를 도출해보는 것도 유용하다. 이를 통해 새로운 시각과 아이디어를 발견할 수 있고 이를 다른 분야에 적용하여 창업할 수 있다.

3) 고객과 시장에 대한 이해

창업자는 고객과 시장에 대한 이해가 필요하다. 고객이 원하는 것과, 시장의 동향을 파악하여 그에 맞는 창업 아이디어를 도출할 수 있다. 이를 위해 시장조사와 고객 인터뷰 등을 통해 고객과 시장의 요구와 필요를 파악하는 것이 중요하다.

4) 창의적인 아이디어 도출을 위한 아이디어 브레인스토밍

창업자는 팀원들과 함께 아이디어 브레인스토밍을 통해 창의적인 아이디어를 도출할 수 있다. 이를 위해 자유로운 분위기에서 아이디어를 제시하고 이를 자유롭게 토론하며 새로운 아이디어를 발굴하는 것이 중요하다.

5) 실험을 통한 아이디어 검증

창업자는 아이디어를 검증하기 위해 실험을 진행할 수 있다. 이를 통해 아이디어의 구체성과 구현 가능성을 파악하고 이에 따른 추가적인 아이디어를 도출할 수 있다.

6) 외부 지식과 경험 활용

스타트업 창업자는 외부 해커톤, 창업 캠프, 오픈 이노베이션 등을 활용하여 새로운 아이디어를 도출할 수 있다. 예를 들어, 해커톤이나 창업 캠프 등의 행사에 참여하여 다른 참가자들과의 교류를 통해 새로운 아이디어를 얻거나 기존의 제품이나 서비스를 완전히 다른 방식으로 적용해보는 것 등이 있다.

7) 기술, 시스템, 프로세스 등의 혁신

스타트업 창업자는 기술, 시스템, 프로세스 등을 혁신적으로 변화시켜 새로운 가치를 창출할 수 있다. 이를 위해 최신 기술 동향을 파악하고 새로운 기술을 습득하며 기존의 시스템이나 프로세스를 개선하거나 전혀 새로운 방식으로 적용하는 것이 중요하다.

스타트업 창업자가 창의적이고 혁신적인 아이디어를 도출하기 위해서는 다양한 방법을 시도해 보는 것이 필요하다. 문제를 찾고 해결하며 다른 분야의 아이디어를 가져와 적용하고 고객과 시장에 대한 이해를 바탕으로 아이디어를 발굴하고 팀원들과 함께 아이디어를 브레인스토밍하며 실험을 통해 검증하고 외부 지식과 경험을 활용하며 기술, 시스템, 프로세스 등을 혁신적으로 변화시키는 것이 중요하다.

창의적인 원천 아이디어가 실제 창업 아이템으로 채택되는 과정은 아이디어를 검증하고 구체화하여 실현 가능한 창업 아이템으로 발전시키는 과정을 거치게 된다.

먼저, 아이디어 스크리닝 과정을 거친다. 이 과정에서는 다수의 아이디어 중에서 창업 가능성이 높은 아이디어를 선정하게 된다. 스크리닝 과정에서는 아이디어의 적합성, 혁신성, 구현 가능성, 시장성, 경쟁력 등을 평가한다. 이 과정에서 평가 기준은 창업 아이디어가 있는 분야와 시장 상황, 기술의 진보, 고객의 요구 등에 따라 달라진다.

다음으로 선정된 아이디어를 검증하고 구체화하는 과정을 거친다. 이 과정에서는 아이디어를 상세히 설명하고 기술적, 경제적, 법적, 제도적 측면에서 구현 가능성을 검토하며 시장조사와 고객 인터뷰 등을 통해 아이디어가 충분한 수요를 가지는지를 확인한다. 이 과정에서 문제가 발견되면 아이디어를 개선하거나 포기할 수도 있다.

마지막으로 검증된 창업 아이템을 실제로 구현하고 사업화하는 과정을 거친다. 이 과정에서는 창업 아이템을 실제 제품이나 서비스로 구현하며 마케팅, 자금조달, 인력 채용 등의 사업화 과정을 진행하게 된다.

따라서 창의적인 원천 아이디어가 실제 창업 아이템으로 채택되기 위해서는 아이디어 스크리닝 과정을 통해 검증되고 이를 구체화하여 구현 가능성을 확인해야 한다. 이러한 과정에서 선정된 창업 아이템을 실제로 구현하고 사업화하여 성공적인 창업을 이루는 것이 중요하다.

🎯 스타트업 사업 타당성 분석

스타트업 창업 아이디어의 사업 타당성 분석은 해당 아이디어가 사업으로 수익을 창출할 수 있는지를 평가하는 과정을 말한다. 아이디어가 창조적이고 혁신적이더라도 사업으로 성장할 수 없다면 창업 아이디어로서의 가치는 크게 상실될 수 있다.

따라서 사업 타당성 분석을 통해 창업 아이디어의 가능성을 평가하고 사업화 전략을 수립할 수 있다.

사업 타당성 분석은 크게 다음과 같은 요소들을 고려하여 이루어진다.

1) 제품/기술성 분석

제품/기술성 분석에서는 제품이나 기술의 혁신성과 시장에서의 경쟁력을 평가한다. 제품이나 기술의 특징과 장단점, 차별화 전략 등을 고려하여 시장 진입 전략을 수립하고 기술·제품 개발에 필요한 자금을 예측한다. 이 과정에서는 기술적인 면뿐 아니라 공정성, 효율성 등 다양한 측면에서 평가하게 된다.

2) 시장성 분석

시장성 분석에서는 창업 아이디어가 속한 시장의 현황과 향후 전망을 파악한다. 시장의 크기, 성장률, 경쟁 구도, 고객의 니즈와 요구사항 등을 고려하여 시장의 수익 가능성을 예측하고 시장 진입 전략을 수립한다.

3) 경제성/수익성 분석

경제성·수익성 분석에서는 창업 아이디어를 구현하고 사업화하기 위한 자금의 양과 구조, 수익과 지출의 균형, 수익성 등을 평가한다. 이를 통해 필요한 자금을 조달하고 사업화 전략을 수립한다.

4) 법률/진입장벽 분석

법률·진입장벽 분석에서는 창업 아이디어가 법적으로 허용되는지, 관련 법규에 부합하는지, 현행 제도와 어울리는지를 평가한다. 이를 통해 창업 아이디어를 구현하기 위한 제도적인 제약사항을 파악하고 필요한 법률·제도적인 지원을 받을 수 있도록 대응 전략을 수립한다.

5) 창업자 역량·자원 분석

창업자 역량·자원 분석에서는 창업자의 역량과 창업에 필요한 인력, 자금, 기술 등의 자원을 평가한다. 창업자가 가진 역량과 경험, 창업에 필요한 기술과 인력을 어떻게 조합하여 사업화를 추진할 수 있는지를 판단한다. 또한, 창업에 필요한 자원을 충분히 확보할 수 있는지를 평가하고 필요한 자원을 조달하기 위한 대응 전략을 수립한다.

이러한 다섯 가지 분석을 통해 사업 타당성을 평가하고 결과를 종합하여 비즈니스 플랜을 작성하게 된다. 이를 통해 창업 아이디어의 가능성과 성공 가능성을 예측하고 사업화를 위한 필요한 자원과 전략을 파악할 수 있다. 또한, 이 과정에서 발생하는 다양한 리스크와 문제점을 사전에 파악하여 대응 전략을 수립함으로써 창업의 성공 가능성을 높일 수 있다.

따라서 스타트업 창업자는 창업 아이디어의 사업 타당성을 철저하게 분석하고 이를 기반으로 비즈니스 플랜을 작성하여 창업에 성공할 수 있도록 노력해야 한다.

🎯 스타트업 사업 타당성 분석시 고려사항

스타트업 창업자가 사업 타당성 분석을 수행할 때에는 다음과 같은 내용들을 고려해야 한다.

1) 가설 검증

스타트업 창업자는 창업 아이디어가 현실적이고 구체적인 가설로서 검증되어야 한다. 이를 위해 자료 수집, 시장조사, 대상 고객 인터뷰 등을 수행하여 가설이 검증될 수 있도록 노력해야 한다.

2) 경쟁 분석

시장에 이미 존재하는 제품이나 서비스와의 경쟁력을 평가해야 한다. 이를 위해 경쟁사의 제품, 가격, 마케팅 전략 등을 분석하여 자신의 제품이나 서비스의 차별화 전략을 수립해야 한다.

3) 시장분석

시장의 크기, 성장 가능성, 경쟁 구도 등을 평가하여 창업 아이디어가 시장에서 성장할 수 있는 가능성이 있는지를 판단해야 한다.

4) 자금조달 가능성

창업자는 필요한 자금을 조달할 수 있는 가능성을 평가해야 한다. 이를 위해 자신의 경험과 능력, 사업계획서 등을 기반으로 투자자들에게 설득력 있는 비즈니스 플랜을 제시할 수 있어야 한다.

5) 기술개발 가능성

창업자는 자신이 개발하고자 하는 기술이 실제로 개발 가능한 기술인지, 또한 개발 비용과 시간이 얼마나 들어갈지를 평가해야 한다.

6) 법적 제약 사항

창업 아이디어가 법적으로 문제가 없는지, 관련 법규에 부합하는지를 평가해야 한다. 또한, 지적재산권과 관련된 법적인 문제를 미리 예측하여 대처할 수 있어야 한다.

7) 창업자 역량 평가

창업자의 역량, 경험, 성격 등을 평가하여 창업에 필요한 역량이 부족한 경우, 이를 보완할 수 있는 인력을 확보하거나 교육 등을 통해 보완해야 한다.

이러한 내용들을 고려하여 스타트업 창업자는 사업 타당성 분석을 철저하게 수행하여 창업 아이디어의 가능성을 평가하고 이를 기반으로 사업계획서를 작성해야 한다. 또한, 이를 토대로 투자자와의 의사소통을 원활히 하여 투자유치에 성공할 수 있도록 노력해야 한다.

스타트업 창업자가 사업 타당성 분석을 수행할 때에는 일정 기간 동안의 예상 수익과 비용, 적정 가격, 제품 및 서비스의 특징, 고객층, 경쟁사와의 차별화 전략 등을 분석하여 비즈니스모델을 제시해야 한다. 이를 위해 다양한 정보와 자료를 수집하고 이를 바탕으로 현실적인 비즈니스모델을 수립하는 것이 중요하다.

또한, 스타트업 창업자는 사업 타당성 분석을 수행하면서 여러 가지 리스크와 문제점을 미리 예측하고 대처할 수 있는 전략을 수립해야 한다. 예를 들어, 사업의 실패 가능성이 높은 경우 대안적인 수익모델을 만들어 놓거나 다른 시장으로의 진출 방법을 고민해볼 필요가 있다.

스타트업 창업자는 이러한 분석을 통해 자신의 아이디어가 실제로 사업으로 성장할 수 있는 가능성이 있는지를 검증하고 비즈니스모델을 수립하여 창업의 성공 가능성을 높일 수 있게 된다.

🎯 스타트업 창업아이템 선정

스타트업 창업자가 창업 아이템을 선정하는 과정은 다음과 같다.

【스타트업 아이디어 선정 과정】

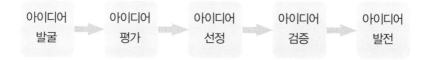

아이디어 발굴 ➡ 아이디어 평가 ➡ 아이디어 선정 ➡ 아이디어 검증 ➡ 아이디어 발전

1) 아이디어 발굴

첫 번째로 스타트업 창업자는 창업 아이템을 발굴해야 한다. 이를 위해 인터넷, 매체, 학술지, 현장 등 다양한 경로로 정보를 수집하고 아이디어 브레인스토밍과 같은 창의적인 과정을 거쳐 다양한 아이디어를 생각해 볼 수 있다.

2) 아이디어 평가

두 번째로 스타트업 창업자는 아이디어를 평가해야 한다. 이를 위해 시장조사, 경쟁 분석, 가설 검증 등을 통해 아이디어의 타당성과 경쟁력을 검증할 필요가 있다. 또한, 아이디어의 기술적 실현 가능성, 시장성, 사업성 등을 평가하여 적합한 아이디어를 선정해야 한다.

3) 아이디어 선정

세 번째로 스타트업 창업자는 선정된 아이디어를 바탕으로 실제 사업화를 위한 전략을 수립해야 한다. 이를 위해 비즈니스모델, 사업계획서 등을 작성하고 필요한 자원과 인력 등을 조사하여 창업 준비를 완료한다.

4) 아이디어 검증

네 번째로 스타트업 창업자는 아이디어를 검증해야 한다. 이를 위해 프로토타입을 만들어 테스트를 수행하거나 시제품을 만들어 실험해볼 수 있다. 이 과정에서 발생하는 문제점을 파악하고 보완하는 방법을 찾아내어 창업 준비를 완료한다.

5) 아이디어 발전

마지막으로 스타트업 창업자는 선정된 아이디어를 발전시켜야 한다. 이를 위해 시장 동향을 파악하고 고객 요구사항을 반영하여 제품 또는 서비스를 개선해 나가야 한다. 또한, 기술 개발이나 마케팅 전략 등에 대한 지속적인 업그레이드와 개선을 통해 창업 아이템을 성장시켜 나가야 한다.

이러한 프로세스를 통해 스타트업 창업자는 적절한 아이디어를 찾아내어 이를 바탕으로 사업을 기획하고 성장시켜 나가는 데 성공할 수 있다. 또한, 스타트업 창업자는 아이디어를 선택하는 과정에서 다음과 같은 내용을 고려해야 한다.

1) 문제점 해결

성공적인 스타트업 창업의 핵심은 문제점을 해결하는 것이다. 따라서 스타트업 창업자는 현재 시장에서 존재하는 문제점을 파악하고 이를 해결하는 창업 아이디어를 발굴해야 한다.

2) 기술적 실현 가능성

스타트업 창업자는 기술적으로 실현 가능한 아이디어를 선택해야 한다. 이를 위해 기술적인 요구사항과 개발 가능성 등을 파악하여 적합한 아이디어를 선정해야 한다.

3) 시장성

스타트업 창업자는 선택한 아이디어가 시장에서 수요가 있는 제품 또는 서비스인지를 확인해야 한다. 이를 위해 시장조사와 경쟁 분석을 수행하여 적합한 아이디어를 찾아야 한다.

4) 경쟁력

시장에서 성공하기 위해서는 경쟁력이 있어야 한다. 스타트업 창업자는 선택한 아이디어가 경쟁력이 있는지를 확인하고 차별화 전략을 세우는 등의 노력을 기울여야 한다.

5) 사업성

마지막으로 스타트업 창업자는 선택한 아이디어가 사업성이 있는지를 확인해야 한다. 이를 위해 수익모델, 경영전략 등을 평가하여 사업성을 파악해야 한다.

이러한 내용을 고려하여 스타트업 창업자는 적절한 아이디어를 선택하고 이를 기반으로 사업을 기획하고 실행하는 것이 중요하다.

경쟁력 있는 스타트업 창업아이템은?

경쟁력 있는 스타트업 창업 아이템은 다음과 같은 특성을 가지고 있다.

1) 문제를 해결하는 기능

경쟁력 있는 스타트업 창업 아이템은 시장에서 존재하는 문제를 해결하는 기능을 제공해야 한다. 이를 통해 고객들의 니즈를 충족시키고 마켓 경쟁력을 강화할 수 있다.

2) 차별화된 제품·서비스

경쟁력 있는 스타트업 창업 아이템은 다른 제품·서비스와 구분되는 차별화된 특징을 가져야 한다. 이를 통해 고객들의 관심을 끌고 경쟁 업체와 경쟁할 수 있는 우위를 점할 수 있다.

3) 기술적인 혁신성

경쟁력 있는 스타트업 창업 아이템은 기술적인 혁신성을 가지고 있어야 한다. 새로운 기술이나 기존 기술의 적용을 통해 시장에서 차별화된 제품·서비스를 제공할 수 있기 때문이다.

4) 높은 수익성

경쟁력 있는 스타트업 창업 아이템은 높은 수익성을 가지고 있어야 한다. 이를 위해 적절한 가격 정책과 수익모델을 설정하고 경제적인 분석을 통해 수익성을 예측해야 한다.

5) 사회적 가치

경쟁력 있는 스타트업 창업 아이템은 사회적 가치를 지닌 제품·서비스를 제공해야 한다. 이를 통해 소비자들의 인식을 얻고 고객들의 지속적인 지지를 받을 수 있다.

6) 시장 수요에 기반한 아이디어

경쟁력 있는 스타트업 창업 아이템은 시장 수요와 고객 요구 사항을 기반으로 개발되어야 한다. 이를 통해 시장에서의 수요와 문제점을 파악하고 적절한 아이디어를 발굴할 수 있다.

7) 강력한 실행력

경쟁력 있는 스타트업 창업 아이템은 강력한 실행력을 바탕으로 해야 한다. 아이디어가 아무리 훌륭해도 실제로 구현하지 못하면 성공할 수 없다. 계획을 세우고 신속하게 실행하며 결과를 지속적으로 검토하고 개선하는 과정이 필요하다.

이러한 특성들이 경쟁력 있는 스타트업 창업 아이템을 만들어내는데 있어 중요한 역할을 한다. 스타트업 창업자들은 이러한 특성들을 고려하여 창업 아이템을 개발하고 이를 기반으로 시장에서의 경쟁력을 확보하고 성장해 나가야 한다. 이를 위해서는 시장조사와 고객 요구 사항에 대한 분석, 기술적인 혁신성, 경제적인 분석 등의 노력이 필요하다. 또한, 지속적인 개선과 혁신을 통해 제품·서비스의 품질과 기능을 강화하며 고객들의 요구 사항을 충족시키는 노력이 필요하다.

스타트업 창업자들은 위와 같은 특성들을 고려하여 창업 아이템을 선택하고 이를 기반으로 사업을 기획하고 실행하는 것이 중요하다. 이러한 특성들은 시장에서 성공적인 스타트업 창업을 위한 필수 요소들이며 이를 바탕으로 창업 아이디어를 선정하고 사업을 성장시켜 나가는 것이 중요하다.

스타트업 비즈니스모델

"The Business Model Canvas is a tool for startups to visualize the value creation process, identify market opportunities, and rapidly experiment and improve."

비즈니스모델 캔버스는 스타트업이 가치 창조 과정을 시각화하고 시장의 기회를 파악하며 빠르게 실험하고 개선할 수 있는 도구다.

-Alexander Osterwalder and Yves Pigneur,

Business Model Generation-

비즈니스모델은?

▌1. 비즈니스모델 캔버스

스타트업 비즈니스모델은 기업이 수익을 창출하는 방식을 정의하는 것이며 제품 또는 서비스의 가치 제안, 수익모델, 고객 세그먼트, 고객 관계, 핵심활동, 핵심자원, 파트너, 비용 구조 등 여러 가지 구성요소를 포함한다.

스타트업은 초기 수익모델이 없거나 명확하지 않을 수 있으므로 비즈니스모델을 확립하고 검증하는 과정이 매우 중요하다.

스타트업 영역에서 가장 많이 활용되는 비즈니스모델 구조화 도구는 오스왈드의 비즈니스모델 캔버스(Business model Canvas)이다.

【비즈니스모델 캔버스】

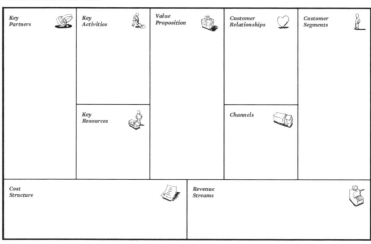

■자료 : 비즈니스모델캔버스 9BL, 오스왈드

비즈니스모델 캔버스(BMC)는 스타트업 비즈니스모델 개발을 위한 도구로 비즈니스모델의 구성요소를 9개의 블록으로 구분하여 나타낸다.

1) 고객 세그먼트(Customer Segments)

비즈니스가 목표로 하는 고객 그룹을 의미한다. 각 고객 세그먼트는 서로 다른 요구와 특성을 가지고 있으며 이를 명확히 정의하는 것이 중요하다.

- 우리의 주요 고객은 누구인가?
- 어떤 세그먼트가 가장 중요한가?
- 고객 세그먼트 간에 어떤 차이점이 있는가?

2) 가치 제안(Value Propositions)

고객에게 제공하는 독특한 가치나 혜택을 의미한다. 이는 고객의 문제를 해결하거나 필요를 충족시키는 제품이나 서비스를 통해 제공된다.

- 고객에게 어떤 가치를 제공하는가?
- 어떤 문제를 해결하거나 어떤 필요를 충족시키는가?
- 우리의 가치 제안이 경쟁사와 어떻게 다른가?

3) 채널(Channels)

고객에게 가치를 전달하는 방법과 경로를 의미한다. 채널은 고객이 제품이나 서비스를 인지하고 구매하고 받을 수 있도록 돕는 역할을 한다.

- 고객에게 도달하기 위해 어떤 채널을 사용하는가?
- 채널은 어떻게 통합되고 효율적으로 운영되는가?

- 채널이 고객에게 얼마나 효과적으로 도달하고 있는가?

4) 고객 관계(Customer Relationships)

고객과의 상호작용 방식을 의미한다. 고객 관계는 고객 유지와 충성도에 영향을 미치며 다양한 형태로 나타날 수 있다.
- 고객과 어떤 유형의 관계를 맺고 있는가?
- 고객 관계를 어떻게 유지하고 강화할 것인가?
- 고객이 우리와 관계를 맺는 이유는 무엇인가?

5) 수익원(Revenue Streams)

비즈니스가 고객으로부터 수익을 창출하는 방법을 의미한다. 다양한 수익모델이 존재하며 이를 통해 비즈니스의 재무 구조를 형성한다.
- 어떤 가치에 대해 고객이 비용을 지불하는가?
- 주요 수익원은 무엇인가?
- 각 수익원이 얼마나 지속 가능한가?

6) 핵심 자원(Key Resources)

비즈니스모델을 운영하기 위해 필요한 주요 자원을 의미한다. 이는 물리적 자원, 인적 자원, 지적 자원 등 다양한 형태로 존재할 수 있다.
- 가치 제안을 제공하기 위해 필요한 핵심 자원은 무엇인가?
- 어떤 자원이 가장 중요한가?
- 자원을 효과적으로 관리하고 있는가?

7) 핵심 활동(Key Activities)

비즈니스모델을 성공적으로 운영하기 위해 수행해야 하는 주요 활동을 의미한다. 이는 제품 개발, 마케팅, 유통 등 다양한 활동을 포함한다.

- 가치 제안을 제공하기 위해 수행해야 하는 주요 활동은 무엇인가?
- 어떤 활동이 가장 중요한가?
- 각 활동의 효율성을 어떻게 평가하는가?

8) 핵심 파트너(Key Partnerships)

비즈니스모델을 운영하기 위해 협력해야 하는 주요 파트너와 공급망을 의미한다. 이는 전략적 제휴, 공급업체, 기술 파트너 등을 포함할 수 있다.

- 비즈니스모델을 운영하기 위해 누구와 협력해야 하는가?
- 주요 파트너는 누구인가?
- 파트너와의 관계가 비즈니스에 어떤 영향을 미치는가?

9) 비용 구조(Cost Structure)

비즈니스모델을 운영하는 데 드는 주요 비용을 의미한다. 이는 고정 비용, 변동 비용, 규모의 경제 등을 포함한다.

- 주요 비용 요소는 무엇인가?
- 가장 큰 비용은 무엇인가?
- 비용을 절감할 수 있는 방법은 무엇인가?

비즈니스모델 캔버스의 9블럭은 스타트업 창업자와 기업가들이 비즈니스모델을 명확히 정의하고 각 요소 간의 상호작용을 이해하는 데 큰 도움을 준다. 이를 통해 비즈니스의 강점과 약점을 파악하고 성공적인 전략을 수립할 수 있다. 비즈니스모델 캔버스를 효과적으로 활용하면

보다 체계적이고 전략적인 비즈니스 운영이 가능해진다.

스타트업은 이러한 비즈니스모델을 이용하여 초기 비즈니스모델 개발과 검증을 수행하며 필요한 경우 변경 및 발전시킨다. 이를 통해 초기 비즈니스모델이 유효한지를 확인하고 성공적인 비즈니스모델을 구축할 수 있는 것이다.

2. 비즈니스모델 핵심 요소간 연계성

비즈니스 캔버스 9개 블록의 연계성으로 각각의 블럭은 서로 밀접하게 연결되어 있으며 다음과 같은 주요 관계를 가진다.

1) 고객 세그먼트와 가치제안

제품 또는 서비스가 고객의 니즈를 충족시키는 가치를 제공하는 것이 중요하다. 따라서 고객 세그먼트와 가치제안은 서로 밀접한 관계를 가진다.

제품 또는 서비스가 고객 세그먼트에게 제공하는 가치를 분석하여 가치 제안을 최적화하고 고객 세그먼트의 니즈를 파악하여 그에 맞는 가치 제안을 개발하는 것이 중요하다.

2) 고객 관계와 고객 세그먼트

고객 관계는 고객과의 관계를 정의한다. 고객 관계는 고객 세그먼트에 따라 달라지므로 고객 관계와 고객 세그먼트는 서로 밀접한 관계를 가진다. 고객 관계를 통해 고객의 니즈를 파악하고 제품 또는 서비스에 대한 피드백을 수집하여 개선하는 것이 중요하다.

3) 수익모델과 가치 제안

수익모델은 제품 또는 서비스를 통해 얻을 수 있는 수익을 정의한다. 가치 제안과 수익모델은 서로 밀접한 관계를 가진다.

가치 제안을 통해 고객이 어떤 가치를 받는지를 분석하고 이에 대한 적절한 수익모델을 개발하는 것이 중요하다.

4) 핵심 활동과 핵심 자원

핵심 활동은 제품 또는 서비스를 제공하기 위한 핵심적인 비즈니스 활동을 정의한다. 핵심 자원은 핵심 활동을 수행하기 위해 필요한 핵심적인 자원을 정의하며 핵심 활동과 핵심 자원은 서로 밀접한 관계를 가진다. 핵심 자원을 적절하게 활용하여 핵심 활동을 수행하는 것이 중요하다.

5) 파트너와 핵심 활동 또는 핵심 자원

파트너는 제품 또는 서비스를 개발, 생산, 마케팅 등에서 협력할 파트너를 정의한다.

파트너와의 협력은 제품 또는 서비스의 품질을 향상시키고 비용을 절감하며 기술을 공유하여 비즈니스를 확장하는 데 중요한 역할을 한다. 따라서 파트너와 핵심 활동 또는 핵심 자원은 서로 밀접한 관계를 가진다.

6) 비용 구조와 핵심 활동 또는 핵심 자원

비용 구조는 비즈니스를 운영하는 데 필요한 비용을 정의한다. 핵심 활동 또는 핵심 자원을 수행하는 데 드는 비용을 파악하여 비용 구조를 최적화하는 것이 중요하다.

7) 채널과 고객 세그먼트

채널은 제품 또는 서비스를 고객에게 전달하는 방법을 정의하며 고객 세그먼트에 따라 적절한 채널을 선택하는 것이 중요하다.

8) 수익모델과 비용 구조

수익모델과 비용 구조는 서로 밀접한 관계를 가지며 수익모델을 통해 수익을 얻고 비용 구조를 최적화하여 이익을 극대화하는 것이 중요하다.

9) 파트너와 수익모델 또는 비용 구조

파트너와의 협력은 수익모델과 비용 구조에 영향을 미치며 파트너와의 협력을 통해 수익모델과 비용 구조를 최적화하는 것이 중요하다.

비즈니스의 시작 : 시장세분화와 타겟 설정

1. 시장세분화(Market Segmentation)

스타트업 창업에서 시장세분화는 매우 중요한 과정 중 하나이다.
시장세분화란, 전체 시장을 작은 부분으로 나누어 각각의 부분에서 다른 필요와 욕구가 있을 것이라는 가정하에 이를 고려하여 세분화하

스타트업 창업 인사이트

는 것이다. 이를 통해 스타트업은 고객을 더욱 정확하게 파악하고 그들에게 더욱 특화된 제품과 서비스를 제공할 수 있다.

시장세분화 방법에는 여러 가지가 있지만, 가장 일반적인 방법은 다음과 같다.

1) 지리적 세분화
지역, 도시, 나라, 대륙 등 지리적 기준으로 시장을 세분화

2) 인구 특성에 따른 세분화
연령, 성별, 직업, 소득 등 인구 특성을 기준으로 시장을 세분화

3) 행동적/사용 패턴에 따른 세분화
고객의 행동, 구매 패턴, 사용성 등을 기준으로 시장을 세분화

4) 고객 선호도에 따른 세분화
고객이 선호하는 스타일, 디자인, 가격 등을 기준으로 시장을 세분화

시장세분화시 고려사항은 먼저, 시장세분화를 너무 많이 하지 않도록 해야 한다. 과도한 세분화는 제품이나 서비스를 제공하는 데 드는 비용을 높일 수 있으며 고객 대상을 너무 적게 잡을 우려도 있다.

또한, 세분화할 때는 각 그룹의 요구사항을 충족시키는 데 필요한 능

력과 자원을 고려해야 한다.

마지막으로 세분화는 변화하는 시장에서 주기적으로 검토되어야 하
며 필요에 따라 수정되어야 한다. 이러한 고려사항을 고려하면서 스타
트업 창업에서 시장세분화를 잘 수행한다면 스타트업은 고객이 원하는
제품과 서비스를 제공하고 효율적인 마케팅 전략을 수립하여 성장할
수 있다.

▎ 2. 타겟시장 선정

시장세분화를 통해 분류된 세분시장에서 스타트업이 공략할 거점시
장(타겟시장)을 선정하는 것은 매우 중요한 결정이다. 올바른 타겟시장을
선택하지 않으면 스타트업은 시간과 자원을 낭비하고 성공할 가능성이
줄어들 수 있다.

1) 타겟시장 선정 고려사항
타겟시장을 선정하기 위해 고려해야 할 몇 가지 방법과 요인은 다음
과 같다.

① 시장규모와 성장 가능성
스타트업이 공략하려는 시장이 크고 성장 가능성이 높은지 확인해야
한다. 이는 시장세분화 단계에서 각 시장의 크기와 성장률을 분석하여
알 수 있다.

② 경쟁 상황

공략하려는 시장에서 경쟁자들의 수와 성과, 그리고 스타트업이 경쟁에서 얻을 수 있는 경쟁우위를 고려해야 한다. 적은 경쟁자와 큰 경쟁우위를 가진 시장일수록 스타트업이 성공할 가능성이 높아진다.

③ 고객 요구사항

스타트업이 공략하려는 시장에서 고객들이 원하는 제품이나 서비스가 무엇인지 파악해야 한다. 이를 위해 시장세분화를 통해 세분화된 시장 그룹들의 고객 요구사항과 욕구를 분석해야 한다.

④ 시장 진입 장벽

스타트업이 공략하려는 시장 진입 장벽이 높은지, 낮은지 파악해야 한다. 예를 들어, 시장 진입 장벽이 높다면 스타트업이 시장에 진입하기 어려울 수 있으며 이에 대한 대안이 필요하다.

⑤ 자금과 자원

스타트업이 공략하려는 시장을 위해 필요한 자금과 자원을 고려해야 한다. 예를 들어, 시장규모가 크지만 필요한 자금이 많이 드는 경우 스타트업이 진입하기 어려울 수 있다.

⑥ 마케팅 전략

스타트업이 공략하려는 시장에 대한 마케팅 전략을 수립해야 한다. 이는 해당 시장의 고객층과 요구사항, 경쟁상황, 마케팅 채널 등을 고려하여 수립해야 한다.

⑦ 기존 고객과의 연계

스타트업이 기존에 확보한 고객과 공략하려는 시장이 연계되는지 고려해야 한다. 예를 들어, 기존 고객과 공략하려는 시장이 유사한 경우, 기존 고객을 확보하며 새로운 고객을 유치할 수 있는 시너지 효과가 발생할 수 있다.

⑧ 진입 전략

스타트업이 공략하려는 시장에 진입할 때 어떤 전략을 사용할 것인지 결정해야 한다. 진입 전략에는 다양한 방법이 있지만, 대표적으로는 직접 판매, 유통망 활용, 파트너십 등이 있다.

⑨ 법적 요소

스타트업이 공략하려는 시장에는 법적 요소가 있을 수 있다. 예를 들어, 특정 제품이나 서비스를 제공하려면 특정 자격증이나 면허가 필요한 경우가 있다. 이러한 법적 요소를 고려하여 스타트업이 공략하려는 시장이 법적으로 허용되는지 확인해야 한다.

타겟시장을 선택할 때는 이러한 요인들을 종합적으로 고려하여 결정해야 한다. 타겟시장을 선택한 후에는 해당 시장의 고객층과 요구사항에 맞는 제품이나 서비스를 개발하고 타겟시장을 확보하기 위한 마케팅 전략을 수립하여 성공적인 진입을 위한 계획을 수립해야 하는 것이다.

2) 타겟시장 선정시 스타트업 내부역량 검토사항

타겟시장을 선정할 때 스타트업의 역량과 부합여부, 실현 가능성 등

내부역량도 검토해야 한다.

이는 다음과 같은 요인들을 포함한다.

① 기술력

스타트업이 제공하려는 제품이나 서비스에 필요한 기술력이 있는지 확인해야 한다. 스타트업이 공략하려는 시장에서 경쟁자들이 사용하는 기술을 이해하고 필요한 기술을 확보하는 것이 중요하다.

② 인력

스타트업이 공략하려는 시장에 필요한 인력을 확보할 수 있는지 확인해야 한다. 이는 전문적인 기술 역량을 갖춘 인력부터 마케팅 전문가와 같은 업무별 전문 인력 등을 포함한다.

③ 자금

스타트업이 공략하려는 시장에 필요한 자금을 확보할 수 있는지 확인해야 한다. 이는 시장 진입에 필요한 초기 자금뿐 아니라, 시장에서 성장하기 위해 필요한 추가 자금을 고려해야 한다.

④ 경험과 전문성

스타트업이 공략하려는 시장에 대한 경험과 전문성이 있는지 확인해야 한다. 이는 스타트업이 제공하는 제품이나 서비스와 관련된 경험, 그리고 시장의 동향과 경쟁자에 대한 이해 등을 포함한다.

⑤ 시장 참여자와의 관계

스타트업이 공략하려는 시장에서 참여하는 주요 인물들과의 관계를 고려해야 한다. 이는 파트너십이나 대리점 등을 통해 스타트업이 시장에 적극적으로 참여할 수 있는지를 판단하는 데 중요한 역할을 한다.

⑥ 시장의 성격

스타트업이 공략하려는 시장의 성격을 이해하는 것이 중요하다.

시장의 특성에 따라, 제품이나 서비스의 개발, 생산, 마케팅 전략, 경쟁전략 등이 달라질 수 있는 것이다.

이러한 요소들을 고려하여 스타트업은 공략하려는 시장에 맞는 타겟시장을 선택하고 해당 시장에서 성장하기 위한 전략을 수립해야 한다. 타겟시장이 스타트업의 역량과 부합하지 않거나 실현 불가능하다면 스타트업은 실패할 가능성이 높아지는 것이다.

따라서 스타트업은 자신의 역량과 시장의 특성을 종합적으로 고려하여 적절한 타겟시장을 선택해야 한다.

3) 타겟시장에서 성장하기 위한 전략 및 계획 수립 고려사항

다음으로 타겟시장에서 성장하기 위한 전략과 계획 수립 고려사항은 다음과 같다.

① 제품과 서비스의 적합성

스타트업이 제공하는 제품과 서비스가 타겟시장의 요구와 기대를 충족시키는지를 확인해야 한다. 이를 위해 고객들의 피드백을 수집하고 제품과 서비스를 개선해 나가야 한다.

② 마케팅 전략

스타트업이 타겟시장에서 성장하기 위해 수립한 마케팅 전략이 적절한지를 확인해야 한다. 이를 위해 시장조사를 통해 고객의 요구와 경쟁사의 전략을 분석하고 적절한 마케팅 전략을 수립해야 한다.

③ 경쟁 전략

스타트업이 경쟁사와 경쟁하며 타겟시장에서 성장하기 위해 수립한 경쟁 전략이 적절한지를 확인해야 한다. 이를 위해 경쟁사의 강점과 약점을 파악하고 경쟁우위를 확보하기 위한 전략을 수립해야 한다.

④ 자금조달 전략

스타트업이 타겟시장에서 성장하기 위해 필요한 자금을 확보하기 위한 전략을 수립해야 한다. 이를 위해 초기 자금조달 방안부터 추가 자금조달 방안까지 전반적인 자금조달 전략을 수립해야 한다.

⑤ 인력 조직 전략

스타트업이 타겟시장에서 성장하기 위해 필요한 인력을 확보하고 조직을 운영하기 위한 전략을 수립해야 한다. 이를 위해 인력채용 전략부터 인력관리 전략까지 종합적인 인력조직 전략을 수립해야 한다.

⑥ 지속적인 개선

스타트업이 타겟시장에서 성장하기 위해서는 제품과 서비스의 지속적인 개선이 필요하다. 이를 위해 고객의 피드백을 수집하고 개선할 부분을 파악하여 제품과 서비스를 개선해 나가야 한다.

⑦ 기술개발 전략

스타트업이 타겟시장에서 성장하기 위해 필요한 기술개발 전략을 수립해야 한다. 이를 위해 현재 기술의 문제점과 개선할 부분을 파악하고 미래 기술 트렌드를 파악하여 기술개발 전략을 수립해야 한다.

⑧ 파트너십 전략

스타트업이 타겟시장에서 성장하기 위해 필요한 파트너십 전략을 수립해야 한다. 이를 위해 파드니사와의 괸계를 형성하고 파트너십을 통해 상호 유익한 관계를 유지할 수 있는 전략을 수립해야 한다.

⑨ 경영전략

스타트업이 타겟시장에서 성장하기 위해 필요한 경영전략을 수립해야 한다. 이를 위해 수익 창출 방안부터 기업 문화와 가치관까지 종합적인 경영전략을 수립해야 한다.

이러한 전략과 계획들은 스타트업이 선정한 타겟시장에서 성장하기 위한 핵심적인 요소들이다.

이를 잘 수립하고 실행함으로써 스타트업은 경쟁에서 우위를 점하고 성장과 발전을 이룰 수 있을 것이다.

🎯 스타트업의 전략적인 타겟시장 설정

▌1. 스타트업에게 유리한 타겟시장

스타트업이 가장 공략하기 좋은 타겟시장의 유형은 다양하다.

그러나 성장 가능성이 높고 고객의 니즈가 뚜렷하며 경쟁력 있는 제품이나 서비스를 제공할 수 있는 시장이 가장 적합한 타겟시장이다. 이를 더 구체적으로 설명하자면 다음과 같은 조건들을 가진 시장이 스타트업에게 유리한 것이다.

1) 성장 가능성이 높은 시장

성장 가능성이 높은 시장에서는 스타트업이 빠르게 성장할 수 있다. 이는 새로운 고객을 확보하고 매출을 증가시키며 시장에서의 지위를 강화할 수 있는 기회를 제공한다.

2) 크기가 적당한 시장

크기가 적당한 시장에서는 스타트업이 쉽게 진입하여 경쟁을 펼칠 수 있다. 이는 경쟁자들보다 더욱 빠른 시간 내에 시장점유율을 높일 수 있도록 도와준다.

3) 수요가 높은 시장

수요가 높은 시장에서는 스타트업이 빠르게 성장할 수 있다. 이는 제품이나 서비스에 대한 수요가 많을 뿐 아니라, 고객들이 스타트업을 찾아주는 기회를 제공한다.

4) 고객의 니즈가 뚜렷한 시장

고객의 니즈가 뚜렷한 시장에서는 스타트업이 더욱 쉽게 제품이나 서비스를 개발하고 마케팅 전략을 수립할 수 있다. 이는 고객의 요구에 따라 제품이나 서비스를 개발하고 그에 따른 마케팅 전략을 수립하여 고객들의 이목을 끌 수 있는 기회를 제공한다.

5) 경쟁력 있는 제품이나 서비스를 제공할 수 있는 시장

경쟁력 있는 제품이나 서비스를 제공할 수 있는 시장에서는 스타드업이 경쟁자들과 차별화된 제품이나 서비스를 제공하여 경쟁에서 우위를 점할 수 있다.

이러한 요소들을 고려하여 스타트업은 자신의 역량과 시장의 특성을 고려하여 적절한 타겟시장을 선택해야 한다.

타겟시장을 잘 선택하고 해당 시장에서 성장하기 위한 전략을 수립하는 것은 스타트업의 성장과 발전에 있어서 매우 중요한 요소이다.

2. 타겟시장 경쟁우위 전략

또한 스타트업은 선택한 타겟시장에서 경쟁자들과 어떻게 차별화하여 경쟁에서 우위를 점할지에 대한 전략을 수립해야 한다.

이를 위해 다음과 같은 방법들을 활용할 수 있다.

1) 제품 또는 서비스의 특성 강화

제품 또는 서비스의 특성을 강화하여 경쟁력을 높일 수 있다. 이를 위해 고객의 니즈와 요구사항을 파악하고 이를 반영하여 제품 또는 서비스를 개발하는 것이 중요하다.

2) 가격 경쟁력 확보

경쟁 상대 대비 낮은 가격으로 제품 또는 서비스를 제공하여 경쟁에서 우위를 점할 수 있다. 이를 위해 제품 또는 서비스의 가격을 적정하게 책정하는 것이 중요하다.

3) 마케팅 전략 강화

효과적인 마케팅 전략을 수립하여 경쟁에서 우위를 점할 수 있다. 이를 위해 시장조사를 통해 고객의 니즈와 요구사항을 파악하고 그에 맞는 마케팅 전략을 수립하는 것이 중요하다.

4) 파트너십 구축

다른 기업이나 조직과 파트너십을 구축하여 상호 협력 관계를 유지하고 이를 통해 경쟁에서 우위를 점할 수 있다.

5) 기술적 우위 확보

경쟁 상대보다 더 나은 기술을 보유하고 이를 활용하여 경쟁에서 우위를 점할 수 있다. 이를 위해 기술개발을 지속적으로 추진하고 기술적 우위를 유지해 나가는 것이 중요하다.

이러한 방법들을 통해 스타트업은 경쟁에서 우위를 점하고 타겟시장에서 성장하여 지속적인 성장과 발전을 이룰 수 있다.

3. 스타트업 초기 타겟시장 접근 전략

스타트업의 초기 타겟시장 접근전략은 다양하다. 그러나 스타트업이 초기에 타겟시장에 접근할 때는 시장 진입장벽이 낮은 시장부터 시작하는 것이 유리하다. 이는 스타트업이 초기에 빠르게 시장점유율을 높일 수 있도록 도와주고 성장과 발전의 기반이 된다.

이를 위해 다음과 같은 접근 전략을 고려할 수 있다.

1) 작은 시장부터 시작하기

작은 시장부터 시작하여 시장점유율을 높이고 성장하여 큰 시장으로 진출하는 것이 유리하다. 작은 시장에서는 경쟁자들이 적고 시장규모가 작기 때문에 쉽게 시장점유율을 높일 수 있다.

2) 수직 시장으로 진입하기

수직 시장에서는 스타트업이 특정 산업군에서 고객의 니즈를 파악하고 이에 맞는 제품이나 서비스를 개발하여 경쟁력을 확보할 수 있다. 이는 스타트업이 시장 진입장벽이 높은 수평 시장보다 쉽게 진입할 수 있는 기회를 제공한다.

3) 블루오션 시장으로 진입하기

블루오션 시장은 새로운 시장으로 경쟁자가 적고 고객의 니즈가 높다. 스타트업은 블루오션 시장에서 고객의 니즈를 파악하고 이에 맞는 제품이나 서비스를 개발하여 성장할 수 있다.

스타트업 창업 인사이트

4) 고객 집중 전략

고객의 니즈와 요구사항을 파악하여 이를 반영한 제품이나 서비스를 개발하고 이를 통해 고객들의 이목을 끌 수 있는 전략이다. 이는 고객들의 만족도를 높이고 고객충성도를 확보하여 성장을 이룰 수 있도록 도와준다.

5) 초기 사용자 중심 전략

초기 사용자 중심 전략은 초기에 제품 또는 서비스를 제공받는 사용자들을 중심으로 제품 또는 서비스를 개선하고 확장하는 전략이다. 이는 초기 사용자들이 제품 또는 서비스에 대한 피드백을 제공하고 이를 반영하여 제품 또는 서비스를 개선함으로써 더 많은 고객들에게 제품 또는 서비스를 확대할 수 있도록 도와준다.

6) 공동 창업자 중심 전략

공동 창업자 중심 전략은 초기에 스타트업을 함께 창업하는 인재들을 중심으로 제품 또는 서비스를 개발하고 확장하는 전략이다. 이는 스타트업이 초기에 필요한 인재와 자금 등을 확보하고 협력 관계를 유지할 수 있는 기회를 제공한다.

이러한 전략들은 스타트업이 초기에 타겟시장에 접근하여 성장하기 위한 핵심적인 전략들이다.

이를 토대로 스타트업은 자신의 역량과 시장의 특성을 고려하여 적절한 전략을 선택하고 성장과 발전을 이룰 수 있을 것이다.

🎯 린 스타트업과 린 스타트업 캔버스

린 스타트업은 빠른 실험과 검증을 통해 제품이나 서비스를 최소 비용으로 출시하는 것을 목표로 하는 방법론이다. 린 스타트업은 고객 개발, 제품 개발, 제품 출시, 피드백 수집 및 수정, 그리고 성장 전략을 단계별로 진행하는 것이 특징이다.

린 고객 개발은 린 스타트업에서 고객 개발을 수행하는 방법론으로 린 고객 개발은 고객을 중심으로 하는 접근 방식으로 문제 해결과 가치 제안을 고객 중심으로 개발하는 것을 목표로 한다.

1) 린 고객 개발 프로세스

린 고객 개발은 다음과 같은 프로세스로 구성된다.

① 문제 해결(Problem-Solution Fit)

스타트업은 먼저 문제를 파악하고 그 문제를 해결할 가치 제안을 개발해야 한다. 이를 위해 스타트업은 고객과의 인터뷰를 수행하여 그들의 Bed & Need를 파악한다. 이를 통해 스타트업은 문제 해결에 집중하고 그에 대한 가치 제안을 개발한다.

② 고객검증(Customer Validation)

스타트업은 문제 해결과 가치 제안을 고객에게 검증하고 그들의 피드백을 수집해야 한다. 이를 위해 스타트업은 MVP를 개발하여 출시하고 초기 버전의 제품이나 서비스를 빠르게 출시한다. 이를 통해 스타트업은 고객의 Bed & Need를 더욱 명확하게 파악하고 제품이나 서비스를 개선한다.

③ 고객 확보(Customer Creation)

스타트업은 제품이나 서비스를 홍보하고 고객을 유치하는 마케팅 전략을 구상한다. 이를 위해 스타트업은 다양한 채널을 활용하여 고객을 유치하고 그들의 Bed & Need에 부합하는 제품이나 서비스를 제공한다.

④ 고객 보유(Customer Retention)

스타트업은 고객을 유치한 후에는 그들을 유지하는 데 초점을 둔다. 이를 위해 스타트업은 고객 경험을 개선하고 제품이나 서비스를 개선함으로써 고객 만족도를 높인다.

또한, 스타트업은 고객으로부터 피드백을 수집하여 제품이나 서비스를 개선하고 그들이 필요로 하는 기능을 추가한다.

⑤ 성장(Growth)

스타트업은 고객 확보 및 고객 보유를 통해 지속적인 성장을 목표로 한다. 이를 위해 스타트업은 다양한 성장 전략을 구상하고 마케팅, 광고 PR, 소셜미디어 등 다양한 채널을 활용하여 고객을 유치한다.

린 고객 개발은 린 스타트업에서 제품 개발과 고객 개발을 병행하여 최소 비용으로 제품이나 서비스를 출시하고 고객의 Bed & Need를 파악하고 고객을 유치하고 그들의 Bed & Need에 부합하는 제품이나 서비스를 제공한다. 이를 통해 스타트업은 더 높은 성장을 이루고 시장에서 경쟁력을 강화할 수 있는 것이다.

2) 린 스트타업 캔버스

린 스타트업 캔버스는 린 스타트업에서 제품 개발과 고객 개발을 통합하여 비즈니스모델을 개발하는 데 사용되는 도구이다. 스타트업 캔버스는 9개의 섹션으로 구성되어 있으며 제품이나 서비스를 개발하고 고객을 유치하고 비즈니스모델을 개선하는 데 사용된다.

린 스타트업 캔버스의 9개 섹션은 다음과 같다.

【린 캔버스】

Problem	Solution	Unique Value Proposition	Unfair Advantage	Customer segments
	Key Metrics		Channel	
Cost Structure			Revenue Streams	

■자료 : 에릭 리스, 린스타트업

① 고객 세그먼트(Customer Segments)

고객 세그먼트는 스타트업이 누구를 대상으로 하는지를 정의하는 것이다. 고객 세그먼트는 고객의 Bed & Need, 선호도, 동향 등을 파악하여 고객의 Bed & Need에 맞는 제품이나 서비스를 제공한다.

② 중요한 문제(Problems)

중요한 문제는 스타트업이 직면한 가장 중요한 문제를 정의하는 것으로 가장 중요한 문제는 제품이나 서비스, 고객, 수익모델, 비즈니스모델 등 여러 측면에서 발생할 수 있다. 스타트업은 가장 중요한 문제를 파악하고 해결책을 찾아내는 것이 중요하다.

③ 고유한 가치 제안(Unique Value Proposition)

고유한 가치 제안은 우리 만이 고객에게 제공하는 가치를 정의하는 것이다. 가치 제안은 제품이나 서비스의 장점, 고객이 얻을 수 있는 이점, 고객의 Bed & Need에 대한 해결책 등을 정의한다.

④ 솔루션(Solution)

솔루션은 스타트업이 제공하는 제품이나 서비스의 구체적인 내용을 정의하는 것으로 제품이나 서비스의 기능, 디자인, 기술적 특징 등을 정의한다.

⑤ 채널(Channels)

채널은 스타트업이 제품이나 서비스를 고객에게 전달하는 방법을 정의하는 것으로 채널은 온라인, 오프라인 등 다양한 방식으로 제품이나 서비스를 전달한다.

⑥ 수익모델(Revenue Streams)

수익모델은 스타트업이 수익을 창출하는 방법을 정의하는 것으로 제품이나 서비스를 어떻게 판매할 것인지, 가격 책정 전략, 수익 분배 등을 포함한다.

⑦ 비용 구조(Cost Structure)

비용 구조는 스타트업이 비용을 어떻게 지출하는지를 정의하는 것으로 제품 개발, 마케팅, 인프라, 인건비 등의 비용을 고려하여 비즈니스 모델을 개발한다.

⑧ 핵심 지표(Key Metrics)

핵심 지표는 스타트업이 추적하는 핵심성과 지표를 정의하는 것으로 매출, 고객 유치율, 고객 만족도 등의 지표를 포함한다.

⑨ 특별한 경쟁우위 요소(Unfair Advantage)

우리 제품과 서비스가 다른 것 보다 뛰어난 점이 무엇인지에 관한 것으로 제품, 기술, 가격, 품질 등 다양한 요소를 포괄한다.

다음으로 린 스타트업 캔버스를 작성하는 프로세스는 다음과 같습니다.

- 각 섹션을 작성하고 섹션 간의 관계를 이해한다.
- 작성된 캔버스를 팀원들과 공유하고 피드백을 받는다.
- 피드백을 바탕으로 캔버스를 수정하고 개선한다.
- 최종 캔버스를 작성하고 스타트업의 전략과 방향성을 이해한다.

린 스타트업 캔버스의 성공적인 접근 방법으로는 다음과 같은 프로세스를 적용할 수 있다.

- 고객을 중심으로 생각하고 Bed & Need를 파악한다.
- 실험과 검증을 통해 최소 비용으로 제품이나 서비스를 출시한다.
- 고객의 피드백을 수집하고 제품이나 서비스를 개선한다.
- 비즈니스모델을 지속적으로 개선하고 성장을 이룬다.

린 스타트업 캔버스는 비즈니스모델 개발과 고객 개발을 통합하여 성공적인 스타트업을 만들 수 있는 데 중요한 역할을 한다.

🎯 스타트업의 성공적인 비즈니스모델 구축

스타트업의 성공적인 비즈니스모델 구축을 위한 전략적 접근 방안에는 여러 가지가 있지만, 가장 일반적인 방법은 다음과 같다.

1) 문제 해결에 집중하기

비즈니스 아이디어를 고민할 때 가장 먼저 생각해야 하는 것은 "어떤 문제를 해결할 수 있는가?"이다. 고객이 직면한 문제를 해결해 주는 제품이나 서비스를 제공하는 것이 스타트업의 핵심으로 고객의 문제를 발견하고 그 문제를 해결하기 위한 솔루션을 찾는 것이 스타트업의 성공을 이루는 첫 번째 단계이다.

2) 고객 중심의 설계

고객이 중심이 되는 설계는 스타트업이 성공적인 비즈니스모델을 구축하는 데 있어 매우 중요하다. 스타트업의 제품이나 서비스는 고객의 요구에 따라 제공되어야 하므로 이를 위해 스타트업은 고객을 파악하고 그들의 요구사항과 니즈를 조사하고 분석하는 마케팅 조사를 수행해야 한다.

3) 경쟁우위 제공

스타트업의 제품이나 서비스는 경쟁 환경에서 살아남기 위해 경쟁우위를 제공해야 한다. 이를 위해서는 경쟁사의 제품이나 서비스와 비교하여 더 나은 제품이나 서비스를 제공해야 하므로 경쟁우위를 위해서는 기술 혁신, 우수한 고객 서비스, 차별화된 마케팅 전략 등 다양한 방법을 사용할 수 있을 것이다.

4) 지속 가능한 수익모델 찾기

지속 가능한 수익모델을 찾는 것은 스타트업의 비즈니스모델을 구축하는 데 있어 매우 중요하다. 수익모델은 제품이나 서비스를 판매하는 방법, 고객에게 청구하는 비용, 수익을 얻는 방식 등을 의미한다. 이를 결정할 때는 제품이나 서비스의 특성, 고객의 성향, 경쟁 환경 등을 고려해야 할 것이다.

5) 신속한 테스트와 반복을 통한 피드백

스타트업은 초기에 빠르게 제품 및 서비스를 테스트하고 반복을 통한 피드백이 중요하다. 이를 통해 제품이나 서비스를 개선하고 고객의 반응을 파악할 수 있다. 이를 위해서는 작은 규모로 시작하여 빠르게 테스트하고 그 결과에 따라 개선하는 것이 필요하다.

6) 파트너십과 네트워크 구축

스타트업은 다른 기업이나 조직과의 파트너십을 통해 비즈니스모델을 발전시킬 수 있다. 이를 위해서는 산업 전문가와의 네트워크를 구축하고 기업과의 협력 관계를 유지하는 것이 중요하다. 이를 통해 스타트업은 더 많은 기회와 지원을 받을 수 있다.

7) 팀 구성과 바람직한 기업문화 조성

스타트업의 성공은 그 팀의 능력과 문화에 크게 영향을 받는다. 따라서 스타트업은 자신들의 비전을 공유하고 열정적이며 협력적인 팀을 구성하는 것이 중요하다. 또한 문제 해결 능력과 경험을 갖춘 전문가들을 채용하여 팀의 역량을 높여야 한다.

8) 지속적인 혁신과 개선

제품이나 서비스의 품질과 기능을 지속적으로 개선하고 새로운 기술과 트렌드를 적극적으로 적용해야 한다. 스타트업의 기술수명주기와 트렌드는 매우 빠르게 변화하고 있으므로 여기에 대응한 지속적인 혁신과 개선이 생존과 성장을 위한 매우 중요한 사항일 것이다.

9) 변화하는 환경과 소비 트렌드 파악

시장조사와 고객조사를 통해 변화하는 소비 트렌드와 시장 동향을 파악해야 한다. 스타트업의 비즈니스모델은 시장과 고객, 경쟁자 등의 변화를 신속하게 포착하고 변화하는 환경 하에서의 경쟁우위와 성장 전략이 중요한 것이므로 환경과 소비 트렌드 변화를 파악하는 데 집중하는 것이 필요하다.

10) 지속적인 성장과 발전

스타트업은 초기에 성장을 거둔 후에도 지속적인 성장과 발전이 필요하다. 이를 위해 스타트업은 피드백을 수집하고 고객의 요구에 맞게 제품이나 서비스를 개선해야 한다. 또한 새로운 시장 기회를 발굴하고 다양한 채널을 통해 확장하는 것이 중요하다.

이러한 전략적 접근 방안을 바탕으로 스타트업은 비즈니스모델을 구축하고 성공적인 경영을 이룰 수 있다. 먼저 문제를 파악하고 고객 중심으로 설계한 제품이나 서비스를 경쟁우위를 제공하며 지속 가능한 수익모델을 찾아내는 것이다.

그리고 빠르게 테스트하고 반복하여 제품이나 서비스를 개선하며 파트너십과 네트워크를 구축하고 팀 구성과 문화를 조성한다. 변화하는 환경과 소비 트렌드를 파악하고 지속적인 성장과 발전을 이루기 위해 노력하는 것이 필요한 것이다.

🎯 스타트업 비즈니스모델의 혁신과 진화

스타트업의 성공 여부는 비즈니스모델의 혁신과 지속적인 진화에 달려 있다. 급변하는 시장 환경과 치열한 경쟁 속에서 스타트업이 생존하고 성장하기 위해서는 기존의 틀을 벗어나 새로운 가치를 창출하는 비즈니스모델을 도입해야 한다. 이 장에서는 스타트업 비즈니스모델의 혁신과 진화의 중요성, 그리고 이를 이루기 위한 전략들을 살펴본다.

1) 비즈니스모델 혁신의 중요성

비즈니스 환경은 빠르게 변화하고 있다. 기술의 발전, 소비자의 요구 변화, 글로벌화 등의 요인으로 인해 비즈니스 환경은 끊임없이 변동한다. 이러한 변화에 대응하지 못하는 비즈니스모델은 도태될 수밖에 없다. 따라서 스타트업은 지속적인 혁신을 통해 변화하는 시장 환경에 적응해야 한다.

비즈니스모델의 혁신은 경쟁우위를 확보하는 데 필수적이다. 새로운 비즈니스모델을 도입함으로써 경쟁사와 차별화된 가치를 제공할 수 있다. 이는 고객의 관심을 끌고 시장에서의 입지를 강화하는 데 도움이 된다.

2) 비즈니스모델 혁신 전략

고객의 요구와 문제를 중심으로 비즈니스모델을 혁신하는 것이 중요하다. 고객 인터뷰, 설문 조사, 사용자 데이터 분석 등을 통해 고객의 실제 요구를 파악하고 이를 바탕으로 새로운 제품이나 서비스를 개발할 수 있다. 예를 들어, 넷플릭스는 고객의 콘텐츠 소비 패턴을 분석하여 맞춤형 추천 시스템을 도입함으로써 큰 성공을 거두었다.

기술의 발전은 비즈니스모델 혁신의 핵심 동력이다. 인공지능(AI), 블록체인, 사물인터넷(IoT) 등의 기술을 활용하여 새로운 비즈니스모델을 개발할 수 있다. 예를 들어, 우버는 스마트폰과 GPS 기술을 활용하여 기존의 택시 산업을 혁신한 대표적인 사례이다.

오픈 이노베이션은 외부의 아이디어와 기술을 적극적으로 도입하는 전략이다. 이를 통해 내부 자원의 한계를 극복하고 더 다양한 혁신을 이끌어낼 수 있다. 스타트업은 대학, 연구소, 다른 기업과의 협력을 통해 새로운 비즈니스모델을 개발할 수 있다. 예를 들어, P&G는 오픈 이노베이션을 통해 외부에서 개발된 기술을 자사 제품에 적용하여 시장을 선도하고 있다.

3) 비즈니스모델의 진화

비즈니스모델은 고정된 것이 아니라, 지속적으로 개선되고 진화해야 한다. 이를 위해 피드백 루프(feedback Loop)가 중요하다. 고객의 피드백을 적극적으로 수집하고 이를 바탕으로 제품이나 서비스를 개선해 나가야 한다. 스타트업은 민첩하게 시장의 반응을 모니터링하고 빠르게 대응하는 능력을 갖추어야 한다.

린 스타트업 접근법은 최소기능제품(MVP)을 빠르게 출시하고 고객의 피드백을 통해 지속적으로 개선해 나가는 방법이다. 이를 통해 시장의 불확실성을 줄이고 비즈니스모델을 효율적으로 진화시킬 수 있다. 에릭 리스의 린 스타트업 방법론은 스타트업이 자원을 효율적으로 사용하면서도 빠르게 성장할 수 있는 방법을 제시한다.

비즈니스모델의 진화는 지속적인 실험과 학습을 통해 이루어진다. 다양한 아이디어를 실험하고 그 결과를 학습하여 점진적으로 비즈니스모델을 개선해 나가야 한다. 스타트업은 실패를 두려워하지 않고 실험을 통해 얻은 교훈을 바탕으로 새로운 시도를 해야 한다.

 스타트업의 비즈니스모델 혁신과 진화는 성공의 필수 요소이다. 변화하는 시장 환경에 적응하고 경쟁우위를 확보하기 위해서는 고객 중심의 혁신, 기술 활용, 오픈 이노베이션 등의 전략이 필요하다. 또한, 피드백 루프, 린 스타트업 접근법, 실험과 학습을 통해 비즈니스모델을 지속적으로 개선해 나가야 한다. 성공적인 스타트업은 이러한 과정을 통해 변화에 유연하게 대응하며 지속 가능한 성장을 이룰 수 있다.

06

스타트업 고객검증과 고객창출

"The best way to create customers is to understand and solve their problems."

(고객을 창출하는 가장 좋은 방법은 고객의 문제를 이해하고 해결하는 것이다.)

-Clayton Christensen, The Innovator's Dilemma-

✐ 고객 페르소나와 고객창출

1) 페르소나는?

타겟시장의 목표고객에 대한 명확한 정의를 위해 사용되는 도구 중 하나가 "페르소나(Persona)"이다. 페르소나는 타겟시장 내에서 스타트업이 겨냥하는 고객 그룹의 대표적인 인물을 대상으로 작성한 가상의 인물 프로필을 의미한다.

이를 통해 스타트업은 자신의 제품이나 서비스를 어떻게 마케팅하고 어떤 고객 그룹에게 적합한지를 파악할 수 있다.

페르소나는 일반적으로 다음과 같은 정보를 포함한다.
- 이름: 페르소나의 이름
- 인구통계학적 정보: 나이, 성별, 직업, 교육 수준, 소득 등
- 삶의 방식: 생활 양식, 취미, 관심사, 문화적 취향 등
- 구매 패턴: 구매 시기, 구매 경로 구매 방식 등
- 고객 경험: 기존에 사용한 제품이나 서비스에 대한 만족도, 불만족 요인 등

이러한 정보들을 기반으로 스타트업은 자신의 제품이나 서비스를 이용할 가능성이 높은 고객 그룹을 파악하고 이를 바탕으로 마케팅 전략을 수립할 수 있다.

2) 페르소나 도출 절차

페르소나를 도출하기 위해서는 다음과 같은 절차를 따르는 것이 일반적이다.

① 시장조사

시장조사를 통해 타겟시장에 대한 정보를 수집한다. 이를 토대로 타겟시장을 구성하는 인구통계학적 정보, 생활 양식, 구매 패턴, 고객 경험 등을 파악한다.

② 구매자 세분화

수집한 정보를 바탕으로 타겟시장을 세분화한다. 이를 토대로 타겟시장 내에서 스타트업이 겨냥하는 고객 그룹을 선정한다.

③ 페르소나 작성

고객 그룹을 대표하는 가상의 인물 프로필을 작성한다. 이를 토대로 스타트업은 자신의 제품이나 서비스를 마케팅하고 고객 그룹에게 맞춤형 제품이나 서비스를 제공할 수 있다.

3) 고객 페르소나를 통해 스타트업이 얻는 편익

스타트업이 고객 페르소나를 도출하고 이를 토대로 제품이나 서비스를 개발하고 마케팅 전략을 수립하는 것은 많은 편익을 제공한다.

다음은 고객 페르소나를 통해 스타트업이 얻을 수 있는 주요 편익이다.

① 정확한 타겟 마케팅

고객 페르소나를 통해 스타트업은 자신의 제품이나 서비스를 이용할 가능성이 높은 고객 그룹을 파악할 수 있다. 이를 토대로 스타트업은 정확한 타겟 마케팅을 수행할 수 있으며 이는 마케팅 비용을 절감하고 고객 유치에 대한 성공률을 높일 수 있다.

② 고객 니즈 파악

고객 페르소나를 통해 스타트업은 고객 그룹의 니즈와 요구사항을 파악할 수 있다. 이는 제품이나 서비스를 개발할 때 고객 그룹의 니즈와 요구사항을 반영할 수 있도록 도와준다.

③ 고객 경험 개선

고객 페르소나를 통해 스타트업은 고객 그룹의 경험을 파악할 수 있다. 이는 제품이나 서비스를 개선하고 고객 경험을 개선할 수 있도록 도와준다.

④ 경쟁력 확보

고객 페르소나를 통해 스타트업은 경쟁 상대 대비 우수한 제품이나 서비스를 제공할 수 있다. 이는 경쟁력 확보에 중요한 역할을 한다.

⑤ 제품·서비스 개발 비용 절감

고객 페르소나를 통해 스타트업은 제품이나 서비스를 개발할 때 고객 그룹의 니즈와 요구사항을 파악할 수 있다. 이는 제품·서비스 개발에 필요한 비용을 절감하고 개발 기간을 단축시킬 수 있도록 도와준다.

⑥ 고객충성도 향상

고객 페르소나를 통해 스타트업은 고객 그룹의 니즈와 요구사항을 파악하고 이를 반영하는 제품이나 서비스를 제공할 수 있다. 이는 고객충성도를 높이고 장기적으로는 매출 증가와 이익 증대에 기여할 수 있다.

⑦ 효과적인 마케팅 전략 수립

고객 페르소나를 통해 스타트업은 자신의 제품이니 서비스에 대한 고객 그룹의 니즈와 요구사항을 파악할 수 있다. 이는 효과적인 마케팅 전략을 수립하고 고객 그룹에게 맞춤형 마케팅을 제공할 수 있도록 도와준다.

이러한 이점들은 고객 페르소나를 활용하는 것이 스타트업이 고객에게 적합한 제품이나 서비스를 제공하는 데 매우 중요한 역할을 한다는 것을 보여준다. 따라서 스타트업은 고객 페르소나를 도출하여 이를 토대로 제품이나 서비스를 개발하고 마케팅 전략을 수립하여 고객에게 최적의 서비스를 제공할 수 있도록 노력해야 한다.

4) 고객 페르소나 도출시 유의사항

고객 페르소나를 도출할 때는 다음과 같은 유의사항들을 고려해야 한다.

① 신뢰성 있는 정보 수집

페르소나를 도출할 때는 타겟시장에서 다양한 정보를 수집하고 분

석하는 것이 매우 중요하다. 이때 수집한 정보가 신뢰성 있는지 확인해
야 한다.

페르소나를 작성할 때 신뢰성 있는 정보를 기반으로 작성하지 않으
면 그 페르소나가 잘못된 정보를 바탕으로 만들어졌다면 스타트업이
제품이나 서비스를 마케팅하거나 개발할 때 오류가 생길 가능성이 있
다.

② 여러 페르소나 작성

타겟 시장에는 다양한 고객 그룹이 존재한다. 따라서 페르소나를 도
출할 때는 한 가지 유형의 페르소나로만 작성하는 것이 아니라, 여러
가지 유형의 페르소나를 작성하는 것이 좋다. 이를 통해 스타트업은 다
양한 고객 그룹의 니즈와 요구사항을 파악할 수 있으며 이를 바탕으로
제품이나 서비스를 개발하고 마케팅 전략을 수립할 수 있다.

③ 구체적인 정보 수집

페르소나를 작성할 때는 구체적인 정보를 수집해야 한다. 예를 들
어, 나이와 성별과 같은 인구통계학적 정보뿐만 아니라, 취미나 관심사
와 같은 라이프스타일 정보, 구매 경로나 소비 패턴과 같은 구매 관련
정보, 그리고 기존에 이용한 제품이나 서비스에 대한 만족도와 불만족
요인과 같은 고객 경험 관련 정보를 수집해야 한다.

④ 대표성 있는 페르소나 도출

페르소나를 작성할 때는 타겟 시장 내에서 가장 많은 비중을 차지하
는 고객 그룹을 대상으로 작성하는 것이 좋다. 이를 통해 스타트업이

제품이나 서비스를 개발할 때 가장 중요한 고객 그룹에 초점을 맞출수 있다.

⑤ 유지보수 및 수정 가능성

페르소나를 작성한 이후에도, 고객 그룹의 니즈와 요구사항은 계속변화할 수 있다. 따라서 페르소나를 작성할 때는 유지보수 및 수정 가능성을 고려해야 한다. 스타트업은 페르소나를 작성하는 과정에서 페르소나를 지속적으로 검토하고 수정할 수 있도록 체계를 마련해야 한다.

⑥ 페르소나를 활용한 의사결정

페르소나를 도출한 후에는 이를 활용하여 제품이나 서비스 개발, 마케팅 전략 수립 등에 활용해야 한다. 이때 페르소나를 실제로 활용하여 의사결정을 내리는 것이 중요하다.

⑦ 페르소나 공유

페르소나를 도출한 이후에는 이를 스타트업 내에서 공유하여 모든 구성원이 이를 이해하고 활용할 수 있도록 해야 한다. 이를 통해 모든 구성원이 제품이나 서비스 개발, 마케팅 전략 수립 등에 참여할 수 있으며 이를 토대로 고객에게 더 나은 제품이나 서비스를 제공할 수 있다.

이러한 유의사항들을 고려하여 페르소나를 도출하고 이를 토대로 제품이나 서비스를 개발하고 마케팅 전략을 수립하는 것이 스타트업이고객에게 최적의 서비스를 제공하는 데 중요한 역할을 한다.

5) 고객 페르소나를 통해 확인할 수 있는 최종사용자(목표고객)의 내용

페르소나를 통해 확인할 수 있는 최종 사용자(목표고객)의 내용은 다음과 같다.

① 인구통계학적 정보

나이, 성별, 결혼 여부, 학력, 직업 등과 같은 기본적인 인구통계학적 정보를 파악할 수 있다. 이를 통해 스타트업은 자신의 제품이나 서비스를 이용할 가능성이 높은 고객 그룹을 파악할 수 있다.

② 라이프스타일 정보

취미, 관심사, 삶의 방식 등과 같은 라이프스타일 정보를 파악할 수 있다. 이를 통해 스타트업은 자신의 제품이나 서비스를 어떤 방식으로 마케팅하면 더욱 효과적인지를 파악할 수 있다.

③ 구매 관련 정보

고객 그룹의 구매 경로 소비 패턴, 구매 기준 등과 같은 구매 관련 정보를 파악할 수 있다. 이를 통해 스타트업은 자신의 제품이나 서비스를 어떻게 판매하면 더욱 효과적인지를 파악할 수 있다.

④ 고객 경험 관련 정보

기존에 이용한 제품이나 서비스에 대한 만족도, 불만족 요인 등과 같은 고객 경험 관련 정보를 파악할 수 있다. 이를 통해 스타트업은 자신의 제품이나 서비스를 개선할 수 있도록 도와줄 수 있다.

⑤ 문제점 및 니즈 파악

고객 그룹이 직면한 문제점과 고객 그룹의 니즈와 요구사항을 파악할 수 있다. 이를 통해 스타트업은 자신의 제품이나 서비스를 고객 그룹의 니즈와 요구사항에 맞추어 개발하고 마케팅 전략을 수립할 수 있다. 이러한 내용들은 페르소나를 통해 스타트업이 최종 사용자의 특성을 파악할 수 있도록 도와준다.

따라서 스타트업은 페르소나를 활용하여 자신의 제품이나 서비스를 고객 그룹의 니즈와 요구사항에 맞추어 개발하고 마케팅 전략을 수립하는 등 고객에게 최적의 서비스를 제공할 수 있도록 노력해야 한다.

또한, 페르소나를 통해 파악한 최종 사용자의 특성은 제품이나 서비스 개발 및 마케팅 전략 수립뿐만 아니라, 고객 서비스와 같은 다양한 영역에서도 활용될 수 있다. 예를 들어, 고객 서비스에서는 고객 그룹의 특성에 맞춘 서비스를 제공하여 고객 만족도를 높일 수 있다.

이러한 이유로 페르소나를 통해 파악한 최종 사용자의 특성은 스타트업이 고객 그룹에게 최적의 서비스를 제공할 수 있는 데 매우 중요한 역할을 한다.

따라서 스타트업은 페르소나를 작성하고 이를 토대로 제품이나 서비스를 개발하고 마케팅 전략을 수립하여 고객에게 최적의 서비스를 제공할 수 있도록 노력해야 하는 것이다.

고객 페르소나 사례와 성공적인 활용전략

▌1. 스타트업 페르소나 도출 사례

다음은 스타트업에서 페르소나를 도출한 사례 중 일부이다.

1) Airbnb

Airbnb는 전 세계적으로 여행을 즐기는 사람들이 이용하는 숙박 공유 서비스이다. Airbnb의 페르소나는 "이색적인 경험을 즐기는 밀레니얼 세대", "여행을 즐기면서도 예산을 고려하는 젊은 직장인", "숙박 비용을 절감하려는 가족들" 등으로 분류된다.

2) Peloton

Peloton은 실내 운동 장비와 동영상 스트리밍 서비스를 결합한 피트니스 서비스이다. Peloton의 페르소나는 "시간이 부족한 직장인", "운동에 관심 있는 미디어 중심 세대", "여성들 중에서 홈 트레이닝을 선호하는 사람들" 등으로 분류된다.

3) Evernote

Evernote는 다양한 종류의 노트를 작성하고 저장할 수 있는 디지털 노트 서비스이다. Evernote의 페르소나는 "정보를 찾아내는 것을 즐기는 업무 중심의 프로페셔널", "노트를 만들어 정리하며 자신만의 시스템을 구축하려는 사람들", "사진이나 음성 녹음 등 다양한 형태의 노트를 작성하고 저장하는 사람들" 등으로 분류된다.

4) Slack

Slack은 온라인 채팅 툴을 이용하여 업무를 관리하는 서비스이다. Slack의 페르소나는 "협업과 의사소통이 중요한 팀 리더", "전 세계적으로 분산되어 있는 팀원들", "메신저 기능을 이용해 빠르게 소통하고 업무를 관리하는 사람들" 등으로 분류된다.

5) Dropbox

Dropbox는 클라우드 스토리지 서비스를 제공하는 스타트업이다. Dropbox의 페르소나는 "작업을 하는 데 필요한 파일을 언제 어디서나 접근해야 하는 전문가", "공동 작업을 하면서 파일을 공유해야 하는 팀", "개인적으로 파일을 저장하고 공유하는 사람들" 등으로 분류된다.

이러한 스타트업들은 페르소나를 도출하여 고객 그룹의 특성을 파악하고 이를 토대로 제품이나 서비스를 개발하고 마케팅 전략을 수립하며 고객에게 더욱 맞춤화된 서비스를 제공할 수 있도록 노력하고 있다.

이를 통해 이전보다 더욱 고객 중심적인 서비스를 제공하고 고객 만족도와 이탈율을 개선하고 있다.

물론, 스타트업에서는 페르소나를 도출하는 과정에서 다양한 실험과 검증을 거쳐야 한다.

또한, 페르소나를 토대로 제품이나 서비스를 개발하고 마케팅 전략을 수립할 때에도 항상 실험과 검증을 거쳐야 한다. 이를 통해 고객 그룹의 요구사항과 니즈를 정확하게 파악하고 고객에게 더욱 맞춤화된 서비스를 제공할 수 있다.

▌2. 성공적인 스타트업 페르소나 활용 전략

① 페르소나는 유동적이고 변화하는 것이 자연스럽다는 것을 인지해야 한다.

페르소나는 시간이 지나면서 변화하거나 새로운 정보가 추가되는 것이 일반적이다. 따라서 스타트업은 페르소나를 도출한 후에도 지속적으로 페르소나를 검증하고 수정해야 한다.

② 페르소나를 활용하여 최종 사용자(목표고객)의 특성을 파악한 후, 제품이나 서비스를 개발하고 마케팅 전략을 수립하는 것이 중요하다.

제품이나 서비스를 개발할 때는 최종 사용자의 요구사항과 니즈를 반영하도록 노력해야 하며 마케팅 전략을 수립할 때에는 최종 사용자의 특성을 고려하여 타겟 마케팅을 진행해야 한다.

③ 페르소나를 활용하여 고객 서비스를 개선할 수 있다.

고객 서비스에서는 페르소나에 따라 고객 그룹의 특성에 맞춘 서비스를 제공하여 고객 만족도를 높일 수 있다.

④ 페르소나를 활용하여 마케팅 채널을 선택할 수 있다.

페르소나를 통해 얻은 정보를 기반으로 고객 그룹이 주로 이용하는 마케팅 채널을 선택하여 마케팅을 진행할 수 있다.

⑤ 페르소나를 활용하여 경쟁력을 확보할 수 있다.

경쟁이 치열한 스타트업 분야에서는 고객 그룹의 특성을 잘 파악하고 이에 맞춘 제품이나 서비스를 제공하는 것이 경쟁력 확보에 중요하다.

⑥ 페르소나를 활용하여 성과를 측정할 수 있다.

페르소나에 따라 측정할 수 있는 성과 지표를 설정하고 이를 토대로 성과를 측정하고 분석하여 개선할 수 있다.

이러한 전략을 통해 스타트업은 페르소나를 효과적으로 활용하여 고객에게 최적화된 서비스를 제공하고 고객 만족도와 이탈율을 개선할 수 있다. 또한, 스타트업은 경쟁력을 확보하고 성과를 측정하여 지속적으로 개선해 나가는 것이 중요하다.

스타트업에서는 페르소나를 작성하는 것 외에도, 다양한 고객 연구를 수행하여 최종 사용자의 니즈와 행동 패턴을 파악할 필요가 있다. 고객 연구를 통해 얻은 정보를 토대로 페르소나를 도출하고 이를 기반으로 제품이나 서비스를 개발하고 마케팅 전략을 수립하여 최종 사용자에게 더욱 맞춤화된 서비스를 제공할 수 있다.

또한, 스타트업에서는 페르소나를 활용하여 전사적인 의사결정에 활용할 수 있다. 예를 들어, 인사팀에서는 페르소나를 기반으로 인사 정책을 수립하고 영업팀에서는 페르소나를 기반으로 영업 전략을 수립할 수 있다.

이러한 방식으로 전사적으로 페르소나를 활용함으로써 스타트업은 고객 중심적인 기업문화를 구축하고 고객 만족도와 이탈율을 개선할 수 있다.

따라서 스타트업에서는 페르소나를 작성하고 이를 토대로 제품이나 서비스를 개발하고 마케팅 전략을 수립하여 고객에게 최적의 서비스를 제공할 수 있도록 노력해야 한다. 이를 통해 스타트업은 경쟁에서 성공하고 성장하는 데 큰 도움을 얻을 수 있는 것이다.

고객 페르소나 활용의 문제와 한계

1. 고객 페르소나 활용의 문제

스타트업 페르소나(persona)는 신규 창업 기업이 고객을 이해하고 서비스를 개발하는 데 활용하는 중요한 도구이다. 하지만, 이를 활용하는 과정에서 다음과 같은 문제와 한계가 있을 수 있다.

1) 충분한 조사와 데이터 부족

페르소나를 작성할 때 충분한 조사와 데이터 수집이 이루어지지 않으면 페르소나가 정확하지 않을 수 있다. 이는 실제 고객의 니즈와 맞지 않는 서비스를 개발하는 원인이 될 수 있다.

2) 페르소나 과대 혹은 과소 추상화

페르소나를 작성할 때 과대 혹은 과소 추상화되면 고객을 올바르게 이해하는 것이 어려울 수 있다.

예를 들어, 과도하게 일반화된 페르소나는 고객의 다양성과 세부적인 요구를 놓치기 쉽고 과도하게 세분화된 페르소나는 대다수의 고객을 대표하지 못할 수 있다.

3) 페르소나가 실제 고객을 대표하지 않음

페르소나를 작성할 때 특정 집단의 고객만을 대상으로 하면 다른 고객들의 니즈를 파악하지 못할 수 있다.

예를 들어, 특정 지역의 특정 연령층만을 대상으로 하는 페르소나는 다른 지역이나 연령층의 고객들을 이해하지 못할 수 있다.

4) 페르소나의 한계를 인식하지 못함

페르소나는 고객의 니즈와 행동 패턴을 이해하는 데 도움을 주지만, 완벽한 해결책은 아니다. 고객은 변화할 수 있으며 실제 서비스 개발에서는 다양한 상황에 맞춰 페르소나를 수정하고 보완하는 것이 필요하다.

5) 페르소나에 의존적인 문화

페르소나를 작성하고 이를 기반으로 서비스를 개발하는 것은 중요하지만, 이를 지나치게 의존하면 새로운 아이디어나 시각을 받아들이기 어려울 수 있다.

따라서 페르소나를 기반으로 하되, 새로운 아이디어를 받아들일 수 있는 열린 문화와 유연한 접근 방식이 필요하다.

또한, 페르소나를 사용할 때는 고객의 실제 의견을 반영하는 것이 중요하다. 이를 위해서는 고객과의 소통을 적극적으로 이루어야 하며 고객의 피드백을 반영하는 프로세스를 만들어내는 것이 중요하다.

6) 지속적인 평가와 개선

페르소나는 단순히 고객을 이해하는 도구에 머물러서는 안 된다. 고객이 원하는 것을 파악한 뒤 이를 바탕으로 서비스를 개발하고 그 결과를 지속적으로 평가하고 개선해 나가는 것이 중요하다. 이를 통해 스타트업은 고객의 실제 니즈를 파악하고 그에 맞춘 서비스를 제공하여 성장할 수 있을 것이다.

▌ 2. 스타트업 고객 페르소나 한계 극복방안

스타트업이 고객 페르소나를 활용할 때 발생할 수 있는 문제와 한계를 극복하기 위해서는 다음과 같은 방안을 고려할 수 있다.

1) 충분한 조사와 데이터 수집

고객 페르소나를 작성할 때는 충분한 조사와 데이터 수집이 이루어져야 한다. 이를 위해서는 고객 인터뷰, 설문조사, 행동분석 등 다양한 방법을 활용하여 고객의 니즈와 행동 패턴을 파악해야 한다.

2) 페르소나 과도한 추상화 방지

고객 페르소나를 작성할 때는 고객을 과도하게 추상화하지 않도록 주의해야 한다. 이를 위해서는 고객을 세분화할 때 중요한 고객 요인들을 파악하여 이를 바탕으로 페르소나를 작성해야 한다.

3) 페르소나가 실제 고객을 대표하도록 함

고객 페르소나를 작성할 때는 다양한 고객 요인들을 고려하여 페르소나를 작성해야 한다. 이를 위해서는 다양한 집단의 고객을 대상으로 조사와 데이터 수집을 이루어야 하며 이를 바탕으로 페르소나를 작성해야 한다.

4) 페르소나의 한계를 인식하고 수정

고객 페르소나는 고객을 이해하는 데 중요한 도구이지만, 완벽한 해결책은 아니다. 따라서 스타트업은 고객의 니즈와 행동 패턴을 지속적으로 모니터링하고 이를 반영하여 페르소나를 수정하고 보완해 나가야 한다.

5) 다양한 시각 수용 및 고객 피드백 수집

고객 페르소나를 활용하면서도 다양한 시각을 수용하고 고객의 피드백을 적극적으로 수집하는 것이 중요하다. 이를 위해서는 고객과의 소통을 적극적으로 이루어야 하며 고객의 피드백을 바탕으로 서비스를 개선해 나가는 것이 중요하다.

6) 페르소나 활용을 위한 교육

고객 페르소나를 작성하고 활용하는 것은 스타트업에서 모든 직원이 할 수 있는 것은 아니다. 따라서 스타트업은 페르소나 작성 및 활용을 위한 교육을 실시하여 모든 직원이 이를 이해하고 활용할 수 있도록 해야 한다.

7) 페르소나를 기반으로 한 서비스 개발 및 평가

고객 페르소나를 작성하고 이를 기반으로 서비스를 개발하는 것은 중요하지만, 이를 평가하고 개선해 나가는 것이 더 중요하다. 이를 위해서는 서비스를 출시한 뒤 고객의 반응을 지속적으로 모니터링하고 이를 바탕으로 서비스를 개선해 나가는 것이 필요하다.

8) 팀원 간 공유 및 업데이트

고객 페르소나는 작성 후에도 지속적으로 업데이트되어야 한다. 이를 위해서는 팀원 간에 페르소나를 공유하고 업데이트 사항을 공유하여 최신 정보를 바탕으로 서비스를 개발할 수 있도록 해야 한다.

9) 다양한 채널을 활용한 마케팅

고객 페르소나를 작성하고 이를 바탕으로 서비스를 개발하면서 다양한 채널을 활용하여 마케팅을 진행하는 것이 중요하다. 이를 위해서는 SNS, 검색 엔진 마케팅 등 다양한 채널을 활용하여 고객을 유치하고 서비스의 가치를 알리는 것이 필요하다.

이러한 방안을 고려하여 고객 페르소나를 활용하면서도 다양한 문제와 한계를 극복할 수 있으며 고객의 니즈와 행동 패턴을 파악하여 더욱 성공적인 서비스를 개발할 수 있을 것이다.

🎯 고객 여정 분석과 고객여정지도

▌1. 고객 여정 분석

고객 여정이란 고객이 제품이나 서비스를 이용하는 과정에서 경험하는 모든 단계를 의미한다. 이 과정은 고객의 문제와 요구사항을 파악하고 제품이나 서비스를 개선하여 더 나은 사용자 경험을 제공하는 데 매우 중요하다.

고객 여정 분석은 제품이나 서비스의 개발과 마케팅 전략 수립에 필수적인 요소 중 하나로 고객 여정 분석을 통해 고객이 제품이나 서비스를 이용하는 과정에서 마주하는 문제와 어려움, 그리고 만족도를 파악할 수 있다. 이를 통해 제품이나 서비스의 문제점을 개선하고 사용자가 만족할 수 있는 서비스를 제공할 수 있는 것이다.

고객 여정 분석을 시작하기 위해서는 먼저, 사용자들이 제품이나 서비스를 이용하는 과정을 파악해야 한다. 이를 위해 다양한 방법을 사용할 수 있으며 대표적으로는 인터뷰, 설문조사, 히트맵 분석, 웹사이트 행동 분석 등이 있다.

분석을 통해 파악한 고객의 문제점과 어려움을 해결하기 위해서는 다음과 같은 방법을 고려할 수 있다.

1) 제품 개선

분석을 통해 파악한 문제점을 해결하기 위해 제품 자체를 개선할 수 있다. 예를 들어, 사용자가 제품을 이용하는 과정에서 불편을 느끼는 부분이 있다면 해당 부분을 개선하여 사용자 경험을 개선할 수 있다.

2) 서비스 개선

제품 이용 과정에서 발생하는 문제점이 서비스 부분에서 발생할 수도 있다. 이 경우 서비스 개선을 통해 문제점을 해결할 수 있다. 예를 들어, 제품 이용 과정에서 사용자가 문의사항이 있다면 빠르게 답변할 수 있는 고객센터를 운영함으로써 사용자 만족도를 높일 수 있다.

3) 마케팅 전략 변경

고객 여정 분석을 통해 파악한 문제점이 마케팅 전략에 원인이 있다면 마케팅 전략을 변경할 필요가 있다. 예를 들어, 제품을 구매하려는 사용자들이 제품 정보를 찾기 어렵다면 마케팅 채널을 다양화하여 사용자들이 쉽게 제품 정보를 얻을 수 있도록 할 수 있다.

4) 추가 기능 제공

고객이 이용하고자 하는 제품의 기능이 제공되지 않는다면 해당 기능을 추가하여 사용자 경험을 개선할 수 있다. 예를 들어, SNS 앱에서 사용자들이 자주 이용하는 기능 중 하나인 '라이브 스트리밍' 기능을 추가할 수 있다.

5) UX/UI 개선

고객의 사용자 경험과 관련하여 UX/UI를 개선하는 것도 중요하다. 예를 들어, 제품 디자인이 불편하다면 사용자들이 쉽게 제품을 이용할 수 있도록 UI를 개선할 수 있다.

여정 단계	주요 활동	고객 경험	문제점 및 개선 사항
인지 (Awareness)	광고 시청, 소셜 미디어 탐색, 친구/지인 추천	브랜드 인지도가 높아짐, 제품/서비스에 대한 첫 인상	광고의 신뢰성 부족, 잘못된 정보 전달 가능성
고려 (Consideration)	웹사이트 탐색, 리뷰 읽기 비교 검색	다양한 정보 수집, 제품/서비스의 장단점 파악	과도한 정보로 인한 혼란, 불충분한 정보 제공
구매 (Purchase)	온라인/오프라인 구매, 결제	구매 과정의 편리성, 다양한 결제 옵션	결제 오류, 복잡한 구매 절차, 배송 지연
사용 (Usage)	제품/서비스 사용, 고객 지원 요청	제품/서비스의 실사용 경험, 고객 지원의 신숙성	사용법에 대한 블명확함, 지원 서비스의 응답 지연
유지 (Retention)	정기적인 제품/서비스 사용, 업데이트, 혜택 제공	지속적인 만족도 유지, 혜택 및 보상	혜택 부족, 업데이트로 인한 문제 발생
추천 (Advocacy)	리뷰 작성, 친구/지인 추천, 소셜 미디어 공유	제품/서비스에 대한 긍정적인 경험 공유	부정적인 리뷰의 확산, 추천 인센티브 부족

고객 여정 분석을 통해 파악한 문제점을 해결하고 사용자 경험을 개선하는 것은 스타트업이 성공하기 위해 필수적인 과정 중 하나이다. 사용자들의 만족도를 높이는 것은 곧 매출 증대로 이어질 수 있으며 이를 통해 스타트업의 성장과 발전을 이룰 수 있을 것이다.

2. 고객 여정 분석의 과정

고객 여정 분석의 세부적인 분석과정은 다음과 같다.

1) 대상 고객군 선정

분석의 대상이 되는 고객군을 정한다. 이 때 대상 고객군의 특성과 행동 패턴 등을 파악하고 이를 기준으로 분석을 진행한다.

2) 고객 여정 매핑

분석 대상 고객군이 제품을 이용하는 과정을 매핑한다. 이를 위해 인터뷰, 설문조사, 히트맵 분석, 웹사이트 행동 분석 등 다양한 방법을 사용할 수 있다.

3) 문제점 도출

고객이 제품을 이용하는 과정에서 마주하는 문제점을 도출한다. 이를 위해 사용자들이 경험하는 불만이나 불편함 등을 파악한다.

4) 우선순위 설정

도출된 문제점 중 가장 심각한 문제점부터 우선순위를 설정한다. 이를 위해 문제점에 대한 영향력, 발생 빈도 등을 고려한다.

5) 개선 방안 제시

우선순위가 높은 문제점을 해결하기 위한 개선 방안을 제시한다. 이를 위해 제품 개선, 서비스 개선, 마케팅 전략 변경, 추가 기능 제공, UX/UI 개선 등 다양한 방법을 고려할 수 있다.

▌ 3. 고객여정지도

고객 여정 분석의 결과를 시각화하여 고객여정지도를 작성할 수 있다. 고객여정지도는 제품을 이용하는 과정에서 고객이 경험하는 모든 단계를 그림으로 표현한 것이다. 이를 통해 고객이 제품을 이용하는 과정에서 어떤 문제점이 발생하는지, 어느 단계에서 문제가 발생하는

지 등을 쉽게 파악할 수 있다.

【고객여정지도 서식 예시】

고객여정								
주요활동								
고객경험 (UI/UX) 문제/Pain								
Pain Index								
해결대안 및 차별적인 경험								

고객여정지도를 작성하기 위해서는 먼저 사용자들이 제품을 이용하는 과정을 매핑한다. 그리고 매핑한 결과를 시각화하여 그림으로 나타낸다. 이 때 각 단계에서 발생하는 문제점이나 어려움, 그리고 사용자들이 어떤 기능이나 정보를 필요로 하는지 등을 함께 표기한다. 이를 통해 고객이 제품을 이용하는 과정에서 발생하는 문제점을 파악하고 개선해야 할 부분을 찾을 수 있다.

고객여정지도는 제품을 이용하는 모든 단계를 시각화하기 때문에 제품 개선에 대한 더 나은 아이디어를 제공하고 사용자들의 만족도를 높이는 데 큰 도움을 준다.

예를 들어, 제품을 처음 구매하는 단계부터 제품 이용 후 유지보수까지의 모든 단계를 고려하여 사용자가 쉽게 이해할 수 있는 설명서를 제공하는 것은 사용자들이 제품을 더 쉽게 이용할 수 있도록 도와줄 것이다.

또한, 고객여정지도를 통해 얻은 정보를 바탕으로 사용자들이 원하는 기능을 추가하거나 기존 기능을 개선할 수 있다. 예를 들어, 고객여정 분석을 통해 사용자들이 제품 이용 과정에서 특정 기능이 필요하다는 것을 알게 되었다면 해당 기능을 추가하여 사용자들이 더욱 만족할 수 있는 제품을 제공할 수 있다.

따라서 고객 여정 분석과 고객여정지도 작성은 스타트업이 고객의 문제를 파악하고 이를 해결하기 위한 개선 방안을 도출하는 데 매우 중요하다. 이를 통해 사용자들의 만족도를 높이고 제품의 경쟁력을 강화하여 스타트업의 성장을 이룰 수 있을 것이다.

🎯 고객검증과 효율적인 수행방법

고객검증은 스타트업에서 개발한 제품이나 서비스의 가치를 확인하기 위한 과정이다. 고객검증을 통해 제품이나 서비스가 고객의 요구사항을 만족시키는지, 제품이나 서비스가 가치가 있는지, 고객이 실제로 제품이나 서비스를 사용할 의사가 있는지 등을 파악할 수 있다.

스타트업 고객검증은 고객개발 다음 단계로 다음과 같은 절차로 이루어진다.

1) 목표 설정

고객검증을 시작하기 전에 명확한 목표를 설정해야 한다. 목표를 설정함으로써 고객검증의 범위와 기간을 파악하고 자원을 효율적으로 활용할 수 있다.

2) 대상 고객군 선정

고객검증을 위해서는 대상 고객군을 선정해야 하며 이를 위해서는 타겟 고객군의 특성과 행동 패턴, 제품이나 서비스를 사용할 의사가 있는지 등을 파악해야 한다.

3) 가설 설정

고객검증을 위해서는 가설을 설정해야 한다. 가설은 스타트업이 개발한 제품이나 서비스가 고객의 요구사항을 만족시키는지에 대한 가정이다.

3) 실험 설계

고객검증을 위해서는 실험을 설계해야 한다. 실험을 설계함으로써 가설을 검증할 수 있는 실험적인 환경을 만들 수 있는 것이다.

4) 실험 실행

실험을 실행하고 제품이나 서비스를 사용하는 고객들의 피드백을 수집한다. 피드백을 통해 제품이나 서비스의 문제점과 개선사항을 파악하고 이를 반영하여 제품이나 서비스를 개선할 수 있다.

5) 결과 분석 및 결론 도출

피드백을 분석하여 결과를 도출한다. 이를 통해 가설의 검증 여부를 확인하고 제품이나 서비스의 문제점과 개선사항을 파악한다.

고객개발 및 검증과정에서 고객 중심의 마인드셋을 확립하고 고객과 소통하며 실패를 받아들이고 빠르게 개선하는 등의 방법으로 스타트업이 성공할 수 있는 대안을 지속적으로 모색해야 한다.

07

스타트업 비즈니스 플랜 (사업계획서)

"A business plan is just a starting point and should be continuously improved as the market evolves."

(비즈니스 플랜은 단지 시작점일 뿐이며 시장의 변화와 함께 지속적으로 개선되어야 한다.)

-Tim Berry, Hurdle: The Book on Business Planning-

🎯 스타트업 사업계획서는?

▌ 1. 사업계획서 개념과 용도

스타트업 사업계획서는 스타트업 창업자가 자신의 아이디어나 제품을 시장에 출시하기 전에 작성하는 문서이다.

사업계획서는 스타트업의 비즈니스모델, 시장분석, 경쟁 분석, 마케팅 전략, 재무 계획 등을 상세히 설명하며 투자자나 파트너십 제안서로 활용될 수 있다.

사업계획서는 스타트업 창업 과정에서 매우 중요한 역할을 하며 스타트업 창업자가 아이디어나 제품의 타당성을 검증하고 시장에서 성공적인 비즈니스모델을 수립하기 위해 필요한 정보를 정리하고 효과적인 비즈니스 전략을 수립하는 데 도움을 준다. 또한, 사업계획서는 투자자들이 스타트업의 잠재적 가치를 파악하고 투자 여부를 결정하는 데 중요한 자료로 활용되거나 창업지원사업의 경우는 선정여부를 결정하는 중요한 자료가 된다.

사업계획서를 작성하는 과정에서는 스타트업 창업자가 자신의 아이디어나 제품을 더욱 실현 가능한 것으로 만들기 위해 세부적으로 고민하게 되는데, 이를 통해 스타트업 창업자는 스스로 비즈니스 전략을 확립하고 초기 단계의 재무 계획을 수립하여 비즈니스모델을 검증할 수 있다.

또한, 사업계획서를 작성하는 과정에서는 창업자가 자신의 아이디어나 제품을 타인에게 설명하고 피드백을 받는 과정을 거치기 때문에 좀 더 완성도 높은 아이디어나 제품을 만들어 낼 수 있다. 따라서 스타트업 창업자는 사업계획서를 작성할 때 타당성 검증과 비즈니스 전략 수립을 위해 최대한 세부적인 내용을 담아야 한다.

사업계획서는 창업자가 시장에서 경쟁력 있는 제품을 출시하고 투자자들의 관심을 끌어들일 수 있는 기회를 제공하므로 정확하고 설득력 있는 사업계획서를 작성하여 스타트업의 성공을 이루는 데 중요한 역할을 할 수 있다.

스타트업 사업계획서의 주요 용도는 다음과 같습니다.

1) 아이디어나 제품의 검증

스타트업 창업자는 사업계획서를 작성함으로써 자신의 아이디어나 제품의 타당성을 검증하고 시장에서 성공적인 비즈니스모델을 수립하기 위한 정보를 수집한다.

2) 투자유치

사업계획서는 투자자들의 관심을 끌어들이고 투자를 유치하는 데 중요한 역할을 한다. 스타트업 창업자는 사업계획서를 통해 자신의 아이디어나 제품의 가치를 설득력 있게 제시하고 투자자들의 신뢰를 얻어내야 한다.

3) 파트너십 제안

스타트업은 파트너십을 통해 기술적 또는 마케팅적 역량을 보완할 수 있다. 이를 위해 스타트업 창업자는 사업계획서를 통해 자신의 아이디어나 제품의 가치를 제시하고 파트너십을 제안한다.

4) 창업지원사업 신청

사업계획서는 창업지원사업이 요구하는 핵심적인 내용을 담아, 평가위원들의 평가를 통해 시원내상 여부를 결정한다.

█ 2. 사업계획서의 내용

일반적인 스타트업 투자유치용 사업계획서의 목차는 다음과 같습니다.

① Executive Summary(요약)

② Company Overview(회사 개요)

③ Problem & Solution(문제와 해결책)

④ Products & Services(제품과 서비스)

⑤ Market Analysis(시장분석)

⑥ Marketing & Sales(마케팅과 영업)

⑦ Management & Team(경영진과 팀)

⑧ Financial Plan(재무계획)

⑨ Investment(투자)

각 목차별 구성내용은 다음과 같습니다.

1) Executive Summary

회사의 목표, 비전, 비즈니스모델을 요약하며 투자유치를 위한 핵심 메시지를 제시한다.

2) Company Overview(회사 개요)

회사의 비즈니스모델, 제품/서비스의 개요, 비즈니스 환경 등을 설명한다

3) Problem & Solution(문제와 해결책)

시장에서 발생하는 문제점과 회사의 제품/서비스가 이를 해결하는 방법을 설명한다.

4) Products & Services(제품과 서비스)

제품/서비스의 개요, 특징, 기능, 시장에서의 경쟁력 등을 상세히 설명한다.

5) Market Analysis(시장분석)

시장규모, 성장률, 경쟁업체, 타겟 고객층 등을 분석하고 창업자가 선택한 시장 진입 전략을 설명한다.

6) Marketing & Sales(마케팅과 영업)

제품/서비스의 마케팅 전략, 온/오프라인 채널을 활용한 마케팅 방

법, 가격 정책 등을 설명한다.

7) Management & Team(경영진과 팀)

창업자와 경영진의 역량, 경험, 비전, 팀 구성 등을 소개하고 각 구성원의 역할과 기여도를 설명한다.

8) Financial Plan(재무계획)

초기 자금, 매출 예측, 비용 예산, 재무 지표 등을 포함한 재무계획을 작성한다.

9) Investment(투자)

투자유치 목표, 투자금 사용 계획, 투자 대상 등을 명시하며 투자자들이 투자하기에 가치 있는 기회임을 설득력 있게 제시한다.

🚀 사업계획서 작성시 고려사항 및 차별화

▌1. 스타트업 사업계획서 작성시 고려사항

스타트업은 사업계획서를 작성할 때는 다음과 같은 사항을 고려해야 한다.

1) 목적에 맞는 목차 및 내용 작성

사업계획서는 투자자를 포함한 외부의 다양한 이해관계자들이 이해할 수 있도록 작성해야 한다. 그러므로 사업계획서 작성 전에 목적에 맞는 목차 및 내용을 구상해야 하며 그에 맞게 자료를 수집해야 한다.

2) 명확하고 간결한 문장 사용

사업계획서는 자신의 아이디어나 제품을 설득력 있게 제시해야 하므로 명확하고 간결한 문장을 사용하는 것이 중요하다. 이를 위해 스타트업 창업자는 사업계획서의 내용을 반복적으로 검토하고 필요한 수정 및 보완을 수행해야 한다.

3) 정확한 수치 자료 제공

재무계획, 시장분석, 경쟁분석 등의 내용에서는 정확한 수치 자료가 필요하다. 이를 위해 스타트업 창업자는 실제 자료를 참고하여 정확한 수치 자료를 제공해야 한다.

4) 구체적인 예시와 시나리오 제시

사업계획서는 스타트업 창업자의 아이디어나 제품의 가치를 설득력 있게 제시하는 문서이다. 이를 위해 구체적인 예시나 시나리오를 제시하여 투자자들이 더욱 효과적으로 이해할 수 있도록 해야 한다.

5) 체계적인 프레젠테이션 구성

사업계획서를 작성하는 것 외에 스타트업 창업자는 프레젠테이션 자료도 체계적으로 구성해야 한다. 프레젠테이션은 사업계획서의 내용을 보완하며 스타트업의 비즈니스모델, 재무계획, 마케팅 전략 등을 명확하게 전달하는 데 중요한 역할을 한다.

6) 타겟 대상에 맞게 작성

사업계획서는 다양한 이해관계자들이 이해할 수 있도록 작성되어야 하지만, 특정한 타겟 대상을 위해 작성될 수도 있다. 예를 들어, 투자자를 위한 사업계획서는 재무적인 내용에 더욱 집중해야 하며 이에 따라 사업계획서의 구성 및 내용도 다르게 구성될 수 있다.

7) 전문가의 조언 수렴

스타트업 창업자는 사업계획서를 작성하는 과정에서 전문가의 조언을 수렴할 수 있다. 이를 통해 사업계획서의 내용을 보완하고 투자자들의 신뢰를 얻을 수 있다.

8) 지속적인 개선과 발전

사업계획서는 스타트업의 성공을 결정짓는 중요한 문서이다. 스타트업 창업자는 지속적으로 개선과 발전을 이루어나가야 하며 이를 통해 스타트업의 성장을 이룰 수 있다.

▌ 2. 우수한 사업계획서는?

다음으로 우수한 사업계획서는 다음과 같은 점에서 차별화된다.

1) 명확하고 구체적인 목표 설정
우수한 사업계획서는 스타트업의 목표와 비전을 명확하게 제시한다.

또한, 이를 구체적으로 기술하며 장기적인 목표와 단기적인 목표를 구분하여 제시한다.

2) 타당한 시장분석과 경쟁분석

우수한 사업계획서는 시장규모, 타겟 고객, 경쟁 업체 등을 체계적으로 파악하고 분석한다. 이를 통해 창업자는 시장에서의 경쟁력을 파악하고 차별화된 비즈니스 전략을 수립할 수 있다.

3) 체계적인 비즈니스모델과 수익모델 제시

우수한 사업계획서는 스타트업의 비즈니스모델을 체계적으로 제시하며 수익모델에 대한 구체적인 설명을 제공한다. 이를 통해 창업자는 초기 투자비용과 매출 예측 등을 포함한 재무 계획을 수립할 수 있다.

4) 구체적인 마케팅 전략 제시

우수한 사업계획서는 제품이나 서비스를 어떤 채널을 이용하여 마케팅할 것인지, 어떤 타겟 고객을 겨냥할 것인지 등을 구체적으로 제시한다. 또한, 마케팅 예산 등을 포함한 구체적인 마케팅 전략을 수립한다.

5) 투자자의 관점에서 설명

우수한 사업계획서는 창업자가 아이디어나 제품을 효과적으로 설명하고 투자자들이 창업 프로젝트에 투자할 가치가 있는지를 설득력 있게 제시한다.

6) 정확하고 효과적인 프레젠테이션

우수한 사업계획서는 창업자가 프레젠테이션을 통해 스타트업의 비즈니스모델과 재무 계획 등을 명확하고 효과적으로 전달할 수 있도록 구성되어 있다. 따라서 창업자는 프레젠테이션 스킬과 노하우를 습득하고 효과적인 프레젠테이션을 구성할 수 있도록 노력해야 한다.

7) 현실적인 예측과 체계적인 관리방안 제시

우수한 사업계획서는 초기 투자비, 매출 예측, 비용 예산 등을 명확하게 제시하며 위험과 기회를 균형있게 고려한 예측을 제공한다. 또한, 이를 바탕으로 체계적인 관리 방안을 수립하고 실제 운영에서 발생할 수 있는 문제점에 대해 대비하는 방안을 제시한다.

따라서 우수한 사업계획서는 스타트업의 차별화된 비즈니스 전략, 재무 계획, 마케팅 전략 등을 효과적으로 전달하고 투자자들의 관심을 끌어들이는 데 성공한다. 또한, 우수한 사업계획서는 창업자가 자신의 아이디어나 제품을 더욱 실현 가능한 것으로 만들고 스타트업의 성공을 이루는 데 중요한 역할을 한다.

💉 창업지원사업계획서가 담아야 할 핵심내용

창업지원사업에 접근하고자 하는 예비창업자, 창업기업의 입장에서 가장 고민스러운 부분은 바로 사업계획서 작성일 것이다.

사업계획서가 바로 창업지원사업 선정 여부를 결정하는 가장 핵심적인 내용을 담은 문서로 서류, 발표 평가 등에서 평가를 받는 내용을 담고 있기 때문이다.

그렇다면 일반적인 사업계획서 작성 가이드는 각 사업 공고에서 제시하고 있는 '사업계획서 작성 가이드'를 참고해 작성하되 다음 핵심내용을 고려하여 작성하는 것이 바람직할 것이다.

1) 해당 사업의 평가기준을 반영한 사업계획서

일반적으로 예비창업패키지, 초기창업패키지, 창업사관학교, 창업도약패키지 등 창업 및 사업화 지원을 위한 사업은 사업계획서 서식과 작성요령 등을 제시하고 있으며 운영지침에 평가기준을 공개하고 있다.

따라서 완벽하게 이를 준수하여야 하는 것은 아니지만, 가능하면 이를 반영하는 것이 바람직 할 것이다. 왜냐하면 결국 평가기준과 서식, 작성요령 등은 지원자들이 궁금해하는 부분과 평가가 용이하고 평가위원들이 효율적으로 핵심내용을 파악할 수 있도록 만들어진 서식과 요령임을 이해하자!

특히 각 사업의 특성을 반영한 평가기준과 서식을 제공하고 있으므로 사업취지와 평가기준에 부합하는 사업계획서 작성을 통해 선정 가능성을 제고할 수 있을 것이다.

2) 창업의 이유와 목표가 명확한 사업계획서

창업지원사업계획서에는 창업자가 왜 해당 아이템을 선택하게 되었고 창업을 통해 달성하고자 하는 미션과 목표가 명확하게 드러나야 한다. 즉, 창업자(팀)의 창업을 하게 된 배경과 창업에 도전하는 기업가 정신, 미션, 창업목표 등을 파악할 수 있어야 한다.

특히 창업을 통해 해결하고자 하는 문제와 문제 해결 솔루션, 이를 통해 달성하고자 하는 목표가 명확하고 구체적이어야 한다.

3) 사업내용이 쉽게 이해되는 사업계획서

창업지원사업계획서는 한정된 시간과 환경 하에서 평가위원을 설득하여야 원하는 목적(지원대상 선정)을 달성할 수 있는 것이다. 따라서 본인만이 이해할 수 있거나 이해하는 데 시간이 걸리거나 하는 신오한 사업계획서가 아니라 짧은 시간안에 평가위원이 창업의 목적, 창업을 위한 문제와 해결솔루션, 비즈니스모델과 수익모델, 성장전략과 팀의 역량을 이해하고 공감하고 차별적인 매력과 지원의 당위성이 확인되는 사업계획서여야 한다.

아무리 좋은 내용을 담은 사업계획서라도 평가위원이 이해하지 못하면 좋은 평가를 받기 힘든 것이다.

4) 읽기 쉽고 가독성이 높은 사업계획서

창업지원사업계획서는 당연 내용의 차별성과 우수성도 확보되어야 하지만, 가독성, 단순명료한 서술, 논리적인 근거와 타당성 등을 확인할 수 있도록 글보다는 이미지나 논리적인 설명도구 등의 활용, 가독성과 이해를 높이는 편집 등도 중요하다. 즉, 짧은 시간내에 사업의 핵심내용을 이해하고 공감할 수 있도록 하고 논리적인 비교표나 그림 등을 통한 접근은 시장에서의 기회 경쟁자 대비 차별성 및 우수성 등을 파악하는 데 도움이 된다.

5) 목표고객과 고객의 문제가 명확하게 제시된 사업계획서

창업에서 가장 중요한 요소이자 출발한 바로 고객이다. 창업실패의 많은 이유는 불명확한 목표고객 설정과 고객의 문제파악 오류, 차별적인 가치 제공 실패 등이다.

따라서 성공적인 창업을 위해서는 명확한 목표고객 설정과, 고객문제에 대한 이해 문제를 해결하기 위한 해결솔루션과 차별적인 가치 도출 등이 핵심이다. 이를 제시하지 못한 사업계획서는 그만큼 성공가능성이 낮을 수밖에 없음을 알아야 할 것이다.

즉, 목표고객과 고객의 문제, 문제 해결을 위한 솔루션이 명확하게 부각되어 창업의 필요성과 사업성공 가능성 등을 설득할 수 있어야 하는 것이다.

6) 체계적인 시장분석으로 창업기회가 확인되는 사업계획서

창업은 체계적인 조사나 분석 없이 통찰력과 직관에 의해서도 불가능하지는 않을 것이다. 그렇지만 창업지원사업계획서는 창업자의 주관적인 통찰력과 직관만으로 평가위원을 설득하기 힘든 것이 현실이다. 평가위원을 설득하기 위해서는 체계적인 시장분석을 통해 왜 창업에 도전하게 되었는가? 기존 시장이나 제품의 문제는 무엇이었고 시장환경 및 고객의 요구사항, 트렌드 등의 기회는 무엇이고 이 기회를 창업으로 연계하기 위한 차별적인 접근전략은 무엇인지가 명확하게 설명되고 설득되는 것이 필요하다.

7) 사업의 차별성과 경쟁우위 전략을 담은 사업계획서

사업계획서는 조사 및 분석도 중요하지만 더욱 중요한 것은 사업을 실행하기 위한 전략과 실행계획이 제시되어야 한다는 것이다. 전략과 실행계획은 철저한 조사와 분석, 보유자원과 현실을 감안한 치밀한 조달전략 등을 반영한 차별적인 접근전략이 수립되어야 한다. 따라서 사업의 차별성과 창업 실행과정에서 시장 진입 및 경쟁우위를 달성하기 위한 치밀한 계획을 제시하여야 한다.

시장 진입 및 사업화를 위한 제품개발, 생산, 마케팅, 자금조달, 팀구성 등의 전략이 가능하면 구체적으로 작성하여 실행을 통한 실질적인 성과창출 가능성을 높일 수 있어야 한다.

8) 창업팀의 역량, 준비과정, 열정이 잘 부각되는 사업계획서

창업 성공을 위한 핵심요소는 창업아이템의 차별성, 기술성, 시장성, 경쟁우위, 창업에 필요한 자원조달 등도 매우 중요하지만, 결국 창업을 실행하는 창업팀(자)의 역량과 열정, 건전한 기업가 정신이 더더욱 중요할 것이다.

이를 반영하여 평가기준에서도 창업자의 수행역량을 중요한 비중으로 평가하고 있는 것이다. 우수한 창업지원사업계획서는 창업팀의 역량, 창업 준비도, 열정과 기업가 정신 등이 잘 부각되도록 작성되어야 한다.

9) 창업 성공 가능성과 정량적인 성과를 제시하는 사업계획서

사업계획서를 평가하는 이유는 해당 창업아이템과 팀이 실제 창업 준비과정을 통해 제품이나 서비스를 개발하여 런칭하고 시장에 진입하여 지속가능한 창업으로 성공할 수 있느냐를 판단하는 것이다. 따라서 사업계획서에는 창업의 성공가능성을 최대한 어필하고 예상되는 매출,

이익, 수출, 고용, 산업파급효과 등을 제시하는 것이 필요하다.

즉, 예상계획이긴 하지만 그 계획이 어느정도 수준인지? 계획이 수익성이나 경제성을 담보하고 있는지? 예상계획과 전략의 연계성과 일관성이 존재하는지? 얼마나 현실적인지 등을 평가할 수 있어야 하는 것이다.

10) 정부지원의 필요성과 당위성이 공감되는 사업계획서

창업지원사업계획서는 창업자가 창업에 필요한 자본, 교육, 멘토링, 공간 등을 지원받기 위한 사업계획서이다. 따라서 주관적인 차별성과 우수성이 중요한 것이 아니라 정부가 세금을 투자하여 지원할 필요성과 당위성이 존재하여야 한다.

정부는 세금을 투자하여 창업을 지원하는 목적은 미래 성장이 예상되는 창업아이템을 발굴.지원하여 성공적인 창업기업을 육성함은 물론 이를 통해 경제적인 성과를 창출하고 고용을 창출하고 수출을 통해 해외시장에서의 경쟁력과 부가가치 및 기술 경쟁력 강화효과를 창출하길 기대하는 것이다.

평가위원들이 창업지원사업계획서 평가하면서 이와 같은 내용들을 확인하고 공감할 수 있는 사업계획서여야 할 것이다.

🚀 부실한 사업계획서의 10가지 특징

부실한 사업계획서의 특징을 알면 이를 회피하고 보다 충실한 사업 계획서를 작성할 수 있는 방향을 알 수 있을 것이다.

일반적으로 부실한 사업계획서가 갖고 있는 특징을 10가지로 정리해 본다.

1) 명확하지 않은 사업의 이유와 사업내용

사업계획서에는 창업의 목적과 비전, 그리고 명확한 사업 아이디어 와 비즈니스모델 등이 담겨져 있어야 한다. 사업계획서는 왜 창업을 하 고자 하는지? 창업을 통해 이루고자 하는 목적? 수행하고자 하는 사 업의 내용 등 명확하게 담겨있어야 하지만, 부실한 사업계획서는 그 방 향성과 내용이 불명확한 경우가 대부분이다.

2) 사업의 차별성과 경쟁우위의 부족

사업계획서에는 해당 사업의 차별성과 시장에서의 경쟁우위를 설명 해야 한다. 창업을 통해 새로운 고객, 새로운 시장을 공략하거나 기존 시장에서 경쟁사들과 경쟁을 통해 사업의 기회를 창출해야 하는 것이 창업이므로 기존 고객 및 시장에서의 문제확인을 통해 기존 경쟁자와 의 차별적인 문제 해결 솔루션과 가치를 제공하는 것이 매우 중요하다. 이와 같은 차별성이 바로 경쟁우위의 원동력이 되기 때문이다.

부실한 사업계획서는 이와 같은 차별성과 경쟁우위를 제대로 담아내 지 못하고 있는 것이 일반적이다.

3) 부족한 시장분석

사업계획서에는 시장조사와 분석, 현장검증 등을 충실히 수행하고 시장 환경에 대한 파악과 검증, 현장의 실질적인 적용가능성 등을 파악한 내용이 담겨져 있어야 한다. 하지만, 부실한 사업계획서는 시장조사와 분석을 충분히 수행하지 못하거나 현장의 실질적인 상황에 대한 이해 부족, 최근의 시장의 문제나 트렌드를 제대로 파악하지 못하는 경우가 여기에 해당한다.

4) 타겟고객의 불명확

사업계획서에는 시장분석과 시장세분화를 통해 초기 공략할 타겟고객을 명확히 파악하고 그에 따른 전략을 세워야 한다. 부실한 사업계획서는 타겟고객에 대한 파악이 미숙하거나 잘못된 선정, 추상적인 타겟고객 설정, 너무 광범위한 타겟고객 설정 등으로 제품이나 서비스를 누구를 대상으로 제공할지 제대로 결정하지 못하는 경우이다.

5) 불명확한 비즈니스모델과 수익모델

사업계획서에는 비즈니스모델과 수익모델이 명확하게 제시되어야 한다. 하지만 부실한 사업계획서는 비즈니스모델과 수익모델이 불명확하게 작성되어 있는 경우가 여기에 해당한다.

6) 시장 진입 전략 부족

사업계획서에는 시장 진입 전략이 반드시 포함되어 있어야 한다. 부실한 사업계획서는 시장 진입 전략을 미비하게 작성하거나 막연하게 좋은 제품과 서비스만 만들게 되면 시장이 창출될 것이라는 기대가 담겨 있는 경우가 여기에 해당한다.

창업기업은 부족한 기술력과 자원, 인력 등으로 초기시장 진입이 쉽지 않은 것이 현실이다. 따라서 기존 경쟁자와 유사한 일반적인 시장 진입 전략으로는 성공적인 성과를 창출하기 어려운 것이 현실이다.

부실한 사업계획서는 초기시장 진입을 위한 치열한 고민과 분석을 담은 치밀한 시장 진입 전략을 담아내지 못하고 막연한 기대를 담고 있는 것이 일반적이다.

7) 체계적인 마케팅 전략 미흡

부실한 사업계획서는 마케팅 전략이 미약하거나 불충분하다. 마케팅 전략은 타겟고객의 문제 해결을 위한 솔루션, 시장접근을 위한 제품 및 가격, 채널 구축, 홍보마케팅 전반에 관한 것으로 사업 성공을 위해서는 치밀한 조사와 분석을 통한 마케팅전략 수립과 실행이 중요할 수밖에 없다.

8) 잘못된 재무계획

사업계획서에는 사업에 필요한 투자비용, 소요자금의 조달계획, 사업 운영을 통한 손익계획 등 재무 및 자금계획안이 포함되어 있어, 투자자들이 수익성과 투자 가치를 평가할 수 있게 하거나 창업지원사업에서 투자규모와 조달계획의 적정성, 창업을 통한 매출 및 이익계획의 적정성 등을 평가할 수 있게 한다.

부실한 사업계획서는 재무계획(안)을 잘못 작성하거나 제대로 설명하지 못하여 사업의 매력도, 사업계획서의 신뢰도를 저하시키게 된다.

특히 정확하지 않은 데이터의 경우도 전반적인 사업계획서의 신뢰도를 떨어트리게 된다.

9) 팀원 구성과 역량 파악 미흡

사업계획서에는 팀원 구성과 팀원들의 역량 등을 제시하여 성공적인 창업 도전을 위한 인력확보, 팀의 역량, 부족한 역량의 보완 방안 등을 제시하여야 한다. 부실한 사업계획서는 팀원 구성이 미비하거나 역량 파악, 향후 부족한 인적자원 확보 전략을 제대로 제시하지 못하고 있는 경우이다.

10) 읽는 사람에 대한 배려와 설득력이 결여

사업계획서는 투자자, 평가위원 등에게 제시하여 평가를 통해 투자 유치, 창업지원사업 선정 등을 목적으로 작성되는 경우가 다수이다. 결국 해당 목적을 달성하기 위한 도구로 사업계획서를 작성하고 제출하는 것이므로 사업계획서는 읽는 사람에 대한 분석을 통해 이들의 눈높이와 상황을 고려하고 작성하는 것이 매우 중요하다.

읽는 사람에 대한 배려와 설득력을 통해 사업에 대한 정확한 이해를 돕고 해당사업의 매력을 설득해야만 원하는 목적을 달성할 가능성이 높은 것이다.

부실한 사업계획서는 읽는 사람에 대한 배려보다는 자신의 주관적인 생각이나 주장을 담아 설득력이 결여된 경우가 다수이다.

🎯 정부 창업지원 PSST 사업계획서

　정부 창업지원 프로그램(예비창업패키지, 초기창업패키지, 창업도약패키지)에서 성공적인 사업계획서를 작성하는 것은 스타트업 창업자에게 매우 중요하다. 사업계획서가 명확하고 체계적으로 작성되어야만 심사위원들에게 좋은 인상을 줄 수 있으며 창업 지원금을 받을 확률이 높아진다. 정부 창업지원사업계획서는 PSST(문제, 솔루션, 스케일업, 팀) 프레임워크를 기반으로 작성하므로 이에 대한 팁을 제시해본다.

1) 문제(Problem)

　사업계획서의 첫 번째 단계는 해결하고자 하는 문제를 명확하게 정의하는 것이다. 문제를 잘 정의하는 것은 사업계획서의 출발점이며 이는 전체 계획의 기초가 된다.

- 구체적이고 명확한 문제를 제시하라: "많은 사람들이 건강한 식생활을 유지하기 어려워한다"보다는 "바쁜 현대인들이 영양가 있는 식사를 준비할 시간이 부족하다"와 같이 구체적으로 서술한다.

- 통계자료를 활용하라: 신뢰할 수 있는 통계자료와 리서치 결과를 활용하여 문제의 심각성을 강조한다.

- 실제 사례를 제시하라: 실제 고객의 인터뷰나 사례를 통해 문제의 실질적인 영향을 보여준다.

　문제의 검증은 문제가 실제로 존재하며 많은 사람들이 겪고 있는 문제임을 입증해야 한다.

- 시장조사 결과를 포함하라: 설문조사, 인터뷰, 시장 보고서 등을 통해 문제의 존재를 검증한다.
- 문제의 규모를 보여줘라: 문제를 겪고 있는 잠재 고객의 수와 시장 크기를 구체적으로 제시한다.

2) 솔루션(Solution)

문제를 해결할 수 있는 혁신적인 솔루션을 제시한다. 솔루션은 제품이나 서비스의 형태로 나타날 수 있으며 이는 명확하고 구체적으로 설명되어야 한다.

- 솔루션의 주요 기능을 설명하라: 솔루션이 문제를 어떻게 해결하는지 구체적으로 설명한다.
- 사용자 경험을 중심으로 설명하라: 고객이 솔루션을 사용하는 과정을 단계별로 설명하고 사용자 편의성을 강조한다.
- 비교 우위와 차별성을 강조하라: 기존의 경쟁 솔루션과 비교하여 차별화된 점을 명확히 제시한다.

솔루션 검증은 솔루션이 실제로 효과가 있음을 입증해야 한다.

- 파일럿 테스트 결과를 포함하라: 초기 테스트 결과와 고객 피드백을 제시하여 솔루션의 유효성을 입증한다.

- 프로토타입과 시연 자료를 활용하라: 시연 영상이나 프로토타입 사진을 첨부하여 솔루션의 실질적인 모습을 보여준다.

3) 스케일업(Scale-up)

솔루션을 통해 접근할 수 있는 시장을 분석하고 타겟 고객을 명확히 정의한다.

- 시장 크기와 성장 가능성을 제시하라: 전체시장(TAM), 유효시장(SAM), 수익시장(SOM) 등 시장 크기와 성장 가능성을 구체적으로 설명한다.
- 세분화된 타겟 고객 정의: 타겟 고객의 인구통계학적 특성, 행동 패턴 등을 세분화하여 제시한다.

솔루션을 시장에 효과적으로 도입하기 위한 마케팅 전략을 설명한다.

- 마케팅 채널과 방법을 명확히 하라: 소셜 미디어, SEO, 콘텐츠 마케팅 등 사용할 마케팅 채널과 방법을 구체적으로 설명한다.
- 고객 획득 비용(CAC)과 고객 생애 가치(LTV) 분석: 마케팅 효율성을 높이기 위해 CAC와 LTV를 분석하고 제시한다.

솔루션의 상업적 성공 가능성을 높이기 위한 재무 계획을 설명한다.

- 수익모델을 명확히 하라: 구독, 광고 판매 등 솔루션의 수익모델을 구체적으로 설명한다.

스타트업 창업 인사이트

- 5년간의 재무 예측: 매출, 비용, 수익 예측을 포함한 5년간의 재무 계획을 제시한다.

4) 팀(Team)

성공적인 솔루션 개발과 비즈니스 운영을 위해 필요한 팀 구성과 역할을 설명한다.

- 핵심 인력 소개: 각 팀원의 경력, 전문성, 역할을 구체적으로 설명한다.
- 팀의 강점 강조: 팀원 간의 협력과 시너지를 통해 어떻게 문제를 해결하고 솔루션을 발전시킬 수 있는지 강조한다.

팀이 가지고 있는 역량과 네트워크를 설명하여 사업의 성공 가능성을 높인다.

- 기술적 역량: 팀이 보유한 기술적 역량과 경험을 설명한다.
- 네트워크와 파트너십: 사업 성공을 위한 외부 네트워크와 파트너십을 강조한다.

PSST 프레임워크를 활용한 사업계획서는 정부 창업지원 프로그램의 심사위원들에게 명확하고 체계적인 인상을 줄 수 있다. 문제 정의와 검증, 혁신적인 솔루션 제시와 검증, 시장분석과 스케일업 전략, 강력한 팀 구성과 역량을 강조하여 사업계획서를 작성할 때에는 구체적인 데이터와 실질적인 사례를 활용하는 것이 중요하다. 이러한 접근법을 통해 스타트업은 창업지원금을 확보하고 성공적인 비즈니스를 구축할 수 있을 것이다.

🚀 정부지원 기술개발(R&D) 사업계획서

정부는 스타트업, 중소기업을 위한 다양한 기술개발, 연구개발사업을 지원하고 있다. 초기 단계의 기업들은 중소벤처기업부의 창업성장기술개발사업, 성장기 중소기업은 기술혁신개발지원사업이나 각 부처의 전략과제, 협업과제 등의 기술개발지원사업을 준비하고 있을 것이다.

정부의 기술개발(R&D)지원사업이나 기술개발 사업화지원사업은 기술개발 및 사업화에 필요한 인건비, 각종 재료비, 사업화 관련비용 등을 상환부담없이 지원하는 사업으로 자금력이 취약한 스타트업, 중소기업에게는 새로운 성장동력을 위한 매우 활용도 높은 사업으로 전략적인 접근이 필요하며 여기에도 사업계획서 또는 연구개발계획서가 매우 중요하다.

정부지원 기술개발(R&D) 사업계획서가 갖추어야 중요 조건에 대해 다음과 같이 제시해본다.

1) 명확한 문제와 개발목표 정의

기술개발은 항상 어떤 문제를 해결하기 위해 문제에 대한 정의와 목표를 정하게 된다. 기술개발 사업계획서는 명확한 문제 정의와 그 문제를 해결하기 위한 목표를 반드시 구체적이고 명확해야 정의해야 한다.

2) 타당한 비즈니스모델

기술개발은 비즈니스적인 측면도 중요하다. 기술개발 사업계획서는 기술개발로 종료되는 것이 아니라, 기술개발을 통한 사업화 성과를 창출할 수 있어야 할 것이므로 사업화를 위한 비즈니스모델을 구체적으로 제시해야 한다.

이를 통해 개발된 기술이 상용화될 때 비즈니스적으로도 성공적인 결과를 낼 수 있도록 할 수 있는 것이다.

3) 기술적인 혁신성

기술개발 사업계획서는 혁신성을 반드시 갖추어야 한다. 이는 다른 회사나 조직이 이미 개발한 기술과 구별되는 특징을 가져야 한다.

그렇지 않을 경우, 이러한 사업은 경쟁력을 갖추지 못하게 될 것이므로 좋은 평가를 받기 어렵다.

4) 타당한 시장분석

기술개발 사업계획서는 타당한 시장분석을 통해 시장규모와 경쟁 상황, 시장 수요 등을 파악해야 한다. 이를 통해 개발된 기술이 시장에서 성공적으로 활용될 가능성을 높일 수 있는 것이고 이를 평가시 설득해야 한다.

5) 구체적인 개발 및 사업화 실행 계획

기술개발 사업계획서는 구체적인 연구개발 및 사업화 실행 계획을 제시해야 한다. 이를 통해 개발 프로세스와 일정, 비용 등을 명확하게 파악하고 계획적으로 진행할 수 있을 것이다.

6) 적절한 예산계획

기술개발 사업은 정부로부터 개발 및 사업화에 필요한 예산을 지원받으므로 그 예산의 타당성이 증명되어야 한다. 따라서 예산에 적절한 편성은 물론 개발완료에 필요한 추가적인 자부담 예산도 적정하게 조달 할 수 있어야 할 것이다.

7) 명확한 성과 측정 지표와 평가방법

기술개발 사업계획서는 명확한 정량적인 성과 측정 지표를 제시해야 한다. 이를 통해 개발된 기술의 성과를 정량적으로 파악하고 문제점이나 개선점을 빠르게 파악하여 조치할 수 있으며 정량적인 성과측정지표는 개발지원사업의 성공여부를 판단하는 중요한 평가기준이 된다.

또한 기술개발 사업계획서는 검증과 평가를 위한 평가기준, 프로세스, 평가방법 등을 제시하고 지속적인 개선을 통해 최종 목표를 달성할 수 있도록 해야 한다.

8) 우수한 연구개발 인력

기술개발은 우수한 연구개발 인력이 필수적으로, 기술개발 사업계획서는 우수한 인력을 확보하고 인력 관리를 통해 개발 프로세스를 원활하게 진행할 수 있음을 확인할 수 있어야 한다.

9) 적극적인 협력체계

기술개발은 여러 분야의 전문가들의 협력이 필수적이므로 기술개발 사업계획서는 적극적인 협력체계를 구축하고 각 분야의 전문가들과의 협력을 통해 애로기술과 목표하는 기술을 연구개발 할 수 있음을 확인토록 해야 한다.

10) 실질적인 성과창출을 위한 사업화 방안

기술개발은 기술개발로 끝나서는 안 된다. 개발기술의 시장 진입과 성공적인 사업화를 위한 생산, 품질관리, 시장 진입을 위한 마케팅 및 영업 등 구체적이고 실질적인 사업화 방안을 제시해야 한다. 또한 해당 사업화를 통한 성과의 경제성과 수익성에 대해서도 설득력 있는 계획을 제시해 해당 기술의 개발 필요성과 성과창출 가능성을 입증해야 한다.

위와 같은 10가지 조건을 갖춘 기술개발 사업계획서는 성공적인 기술개발을 위해 필수적인 요소일 것이므로 정부지원 연구개발지원을 준비 중인 스타트업과 중소기업은 이를 감안한 준비와 접근을 통해 선정 가능성을 제고하고 실질적인 기술개발을 진행하도록 하여야 한다.

08

스타트업 팀 구축

"Finding the right team members is one of the crucial factors in startup success. Build a team composed of passionate, competent, and culturally aligned individuals."

(올바른 팀원을 찾는 것은 스타트업 성공의 결정적인 요소 중 하나이다. 열정, 역량, 그리고 문화에 맞는 사람들로 구성된 팀을 구축하라.)

-Reid Hoffman, The Start-up of You-

🎯 스타트업 팀 빌딩

▌1. 스타트업 팀 빌딩 의의와 유의사항

스타트업 팀 빌딩은 새로운 비즈니스를 시작하기 위해 필요한 팀을 구성하는 것이다. 이 과정에서는 창업자가 팀워크와 개인적인 능력을 고려하여 팀을 구성하고 팀원들 간의 커뮤니케이션 및 협업 능력을 향상시키는 것이 중요하다. 스타트업 팀은 적극적인 자세와 협업 능력, 빠른 의사결정, 실패에 대한 태도 등을 가지고 있어야 한다.

스타트업의 팀 빌딩 과정에서의 유의사항은 다음과 같이 정리해 볼 수 있다.

1) 창업자와 팀원의 역할

창업자는 팀원들의 역할과 책임을 명확하게 정의하고 그들이 진행해야 할 일을 지속적으로 추적하고 필요한 지원을 제공하는 것이 중요하다. 팀원들은 열심히 일하고 적극적으로 의견을 내어 창업자와 소통하며 팀의 성공을 위해 노력해야 한다.

2) 팀원 간의 커뮤니케이션

팀원들 간의 효율적인 커뮤니케이션은 스타트업의 성공을 결정하는 중요한 요소이다. 이를 위해 회의 시간을 예약하고 이메일, 메신저, 공유 문서 등을 이용하여 지속적으로 소통하며 빠른 의사결정을 내리는 것이 중요하다.

3) 기업 문화와 가치관 구축

스타트업의 문화와 가치관은 팀원들이 모여 일하는 환경을 결정한다. 이를 위해 창업자는 회사의 가치관을 명확하게 정의하고 이를 기반으로 문화를 구축해야 한다. 또한, 팀원들 간에 상호 존중과 신뢰를 기반으로 하는 문화를 만들어 나가는 것이 중요하다.

2. 스타트업 성공적인 팀 빌딩 방법

스타트업의 성공적인 팀 빌딩 방법을 정리하면 다음과 같다.

1) 다양한 배경을 가진 팀원 구성

스타트업 팀은 다양한 배경을 가진 팀원들로 구성되어야 한다. 이는 창업자가 다른 시각과 아이디어를 가진 사람들을 모으는 것을 의미하고 이렇게 다양한 배경을 가진 팀원들은 서로의 강점을 보완하고 혁신적인 아이디어를 제공하는 데 도움을 준다.

2) 적극적인 커뮤니케이션

팀원들 간에 적극적인 커뮤니케이션이 필요하다. 이는 문제점을 빠르게 파악하고 해결하는 데 도움이 되며 팀원들의 의견을 수렴하여 더 나은 결정을 내릴 수 있게 한다. 또한, 적극적인 커뮤니케이션은 팀 내부의 갈등을 예방하고 빠른 의사결정을 가능하게 한다.

3) 열린 문화 구축

열린 문화는 팀원들이 자유롭게 의견을 내고 실패와 성공을 공유할 수 있게 한다. 이는 창의적인 아이디어와 혁신적인 제품을 만들어 내는 데 도움이 된다. 또한, 열린 문화는 팀원들이 서로를 더 잘 이해하고 상호 존중과 신뢰를 구축하는 데도 도움이 된다.

4) 명확한 역할과 책임 분담

팀원들의 역할과 책임은 명확하게 분담되어야 한다. 이는 각 팀원이 자신의 역할에 집중하여 일을 처리할 수 있도록 도와주며 팀 전체의 성과를 높일 수 있게 한다. 또한, 명확한 역할 분담은 갈등을 예방하고 효율적인 협업을 가능하게 한다.

5) 성장 기회 제공

성장 기회를 제공하는 것은 팀원들이 모두 성장할 수 있도록 돕는 것이다. 이는 교육, 훈련, 멘토링 등을 통해 팀원들의 역량을 향상시키는 것을 의미하며 성장 기회를 제공하는 것은 팀원들의 동기부여와 팀 전체의 성과를 높일 수 있는 방법이다.

좋은 팀 빌딩은 스타트업의 성공을 결정하는 중요한 요소 중 하나이다. 따라서 창업자는 다양한 배경을 가진 팀원들을 모으고 적극적인 커뮤니케이션과 열린 문화, 명확한 역할 분담, 성장 기회 제공 등을 통해 팀원의 협업 능력을 향상시켜야 한다.

성공적인 팀 빌딩은 시간이 걸리며 팀원들 간에 갈등이 발생할 수도 있다. 따라서 창업자는 팀 빌딩 과정에서 이러한 갈등을 예방하고 팀원들의 동기부여를 유지하는 데도 노력해야 한다.

또한, 스타트업 팀 빌딩은 지속적인 과정이다. 팀이 성장하면서 팀원들의 역할과 책임이 바뀌거나 새로운 팀원이 추가될 수도 있다.

따라서 창업자는 팀 빌딩을 지속적으로 평가하고 필요에 따라 조정해 나가는 것이 중요하다. 이를 통해 스타트업 팀은 지속적으로 발전하며 더 큰 성과를 이룰 수 있다.

▍ 3. 스타트업의 외부 팀과 협업

스타트업 창업 과정에서 외부 팀과의 협업은 성공적인 비즈니스를 위해 매우 중요하다. 스타트업은 자체적으로 모든 역량을 갖추기 어렵기 때문에 다른 팀과의 협업을 통해 필요한 지식과 기술을 얻을 수 있다. 이를 통해 더 빠르게 성장하고 더 큰 성과를 이룰 수 있다.

따라서 스타트업의 외부 팀과의 성공적인 협력방안은 다음과 같은 요소를 고려해야 한다.

1) 상호 이익 도출

스타트업과 외부 팀이 협업할 때 상호 이익을 도출할 수 있는 방안을 모색해야 한다. 이를 위해 양측은 서로의 목표와 이익을 파악하고 상호 협력이 가능한 분야를 찾아내는 것이 중요하다. 이를 통해 서로가 도움을 받을 수 있는 협력관계를 구축할 수 있다.

2) 역할과 책임 분담

스타트업과 외부 팀이 협업할 때 역할과 책임을 명확하게 분담해야 한다. 이를 위해 양측은 서로의 역할과 책임을 정의하고 협력 계획을 세워야 한다. 이를 통해 협력 과정에서 발생할 수 있는 갈등을 예방하고 협력의 효율성을 높일 수 있다.

3) 투명한 커뮤니케이션

스타트업과 외부 팀이 협업할 때 투명하고 적극적인 커뮤니케이션이 필요하다. 이를 위해 양측은 서로의 진행 상황을 지속적으로 공유하고 의견을 나눌 수 있는 환경을 만들어야 한다. 이를 통해 협력 과정에서 발생할 수 있는 문제를 빠르게 파악하고 해결할 수 있다.

4) 계약서 작성

스타트업과 외부 팀이 협력할 때 계약서를 작성하는 것이 중요하다. 이를 통해 협력 과정에서 발생할 수 있는 분쟁을 예방하고 협력의 범위와 기간, 대가 등을 명확하게 정의할 수 있다.

5) 지속적인 평가와 개선

스타트업과 외부 팀이 협력을 진행하면서 지속적인 평가와 개선이 필요하다. 이를 위해 협력 과정에서 발생하는 문제를 파악하고 해결 방안을 모색해야 한다. 또한, 협력의 성과를 지속적으로 평가하고 개선할 수 있는 방안을 모색해야 하고 이를 통해 스타트업과 외부 팀은 지속적으로 발전하며 더 큰 성과를 이룰 수 있다.

6) 공통의 목표 설정

스타트업과 외부 팀이 협력할 때 공통의 목표를 설정하는 것이 중요하다. 이를 위해 양측은 서로의 비전과 목표를 이해하고 이를 바탕으로 공통의 목표를 설정해야 하고 이를 통해 스타트업과 외부 팀은 함께 성장하고 더 큰 성과를 이룰 수 있다.

7) 신뢰 구축

스타트업과 외부 팀이 협력할 때 상호 신뢰를 구축하는 것이 중요하다. 이를 위해 양측은 서로를 이해하고 서로에게 신뢰를 보여야 하고 . 이를 통해 스타트업과 외부 팀은 서로를 지원하고 성공적인 협력을 이룰 수 있다.

스타트업 창업 과정에서 외부 팀과의 협력은 매우 중요하다. 이를 통해 스타트업은 필요한 역량을 보완하고 더 빠르게 성장할 수 있다. 따라서 스타트업과 외부 팀은 서로를 이해하고 상호 협력할 수 있는 방안을 모색해야 한다. 이를 통해 더 큰 성과를 이룰 수 있는 것이다.

고성과 창출 및 지속 가능한 팀 구축

▌1.스타트업 고성과 팀의 특징

스타트업에서 고성과를 창출하는 팀은 팀 내부의 구성원 간에 긴밀한 협력과 높은 수준의 동기부여 창의적인 아이디어 제안과 실행력, 빠른 의사결정, 그리고 지속적인 학습과 발전을 추구하는 등 여러 가지 특징을 가지고 있다. 다음은 고성과를 창출하는 스타트업 팀의 특징과 도입 방안이다.

1) 긴밀한 협력과 높은 수준의 동기부여
고성과를 창출하는 스타트업 팀은 구성원 간에 긴밀한 협력과 높은 수준의 동기부여가 이루어져 있다. 이를 위해 팀원들은 서로를 존중하고 신뢰하며 서로의 강점을 파악하여 최대한 활용할 수 있는 방안을 모색한다.

또한, 팀원들은 공통의 목표를 가지고 노력하며 이를 달성하기 위한 계획을 세우고 실행한다. 이를 통해 스타트업 팀은 높은 수준의 협력과 동기부여를 유지하며 고성과를 창출할 수 있다.

2) 창의적인 아이디어 제안과 실행력

고성과를 창출하는 스타트업 팀은 창의적인 아이디어를 제안하고 이를 실행할 수 있는 높은 수준의 실행력을 갖추고 있다. 이를 위해 팀원들은 적극적으로 아이디어를 제안하고 이를 검증하며 실행할 수 있는 방안을 모색한다.

또한, 팀원들은 실패를 두려워하지 않으며 실패에서 배우고 다시 시도하는 문화를 갖추고 있다. 이를 통해 스타트업 팀은 창의적인 아이디어를 제안하고 이를 실행할 수 있는 높은 수준의 실행력을 갖추며 고성과를 창출할 수 있다.

3) 빠른 의사결정

고성과를 창출하는 스타트업 팀은 빠른 의사결정이 가능하다. 이를 위해 팀원들은 의사결정을 위한 정보를 신속하게 수집하고 이를 바탕으로 신속한 의사결정을 내릴 수 있는 방안을 모색한다.

또한, 의사결정을 내린 후에는 빠른 실행을 위한 조치와 검증을 수행한다. 이를 통해 스타트업 팀은 빠른 의사결정과 실행이 가능하며 고성과를 창출할 수 있다.

4) 지속적인 학습과 발전

고성과를 창출하는 스타트업 팀은 지속적인 학습과 발전을 추구한다. 이를 위해 팀원들은 자기 개발에 대한 열정을 가지고 계속해서 새로운 지식과 기술을 습득한다.

또한, 팀원들은 서로의 학습을 지원하며 지식과 경험을 공유하는 문화를 갖추고 있다. 이를 통해 스타트업 팀은 지속적인 학습과 발전을 추구하며 높은 수준의 성과를 이룰 수 있다.

5) 팀원 모집과 교육 프로그램 도입

고성과를 창출하는 스타트업 팀을 구성하기 위해서는 팀원 모집과 교육 프로그램 도입이 필요하다. 이를 위해 창업자는 팀원 모집 시에 창의성과 실행력이 뛰어나고 빠른 의사결정과 협력 능력을 가진 인재를 우대해야 한다.

또한, 교육 프로그램을 도입하여 팀원들의 학습과 발전을 지원해야 한다. 이를 통해 스타트업 팀은 높은 수준의 역량과 협력 능력을 갖추며 고성과를 창출할 수 있다.

2. 고성과 창출 팀 지속가능성 제고방안

스타트업 고성과 창출 팀의 지속가능성을 제고하기 위해서는 다음과 같은 방안을 고려해 볼 수 있다.

1) 팀 문화의 확립과 유지

고성과 창출 팀은 팀 문화의 확립과 유지가 중요하다. 이를 위해 팀원들은 서로를 존중하고 신뢰하며 팀 내부에서 열린 커뮤니케이션과 피드백을 주고받는 문화를 만들어야 한다.

또한, 팀원들은 목표와 비전을 공유하고 공동으로 목표를 달성할 수 있는 계획을 수립한다. 이를 통해 팀 문화를 확립하고 유지하며 지속적인 고성과창출이 가능하다.

2) 지속적인 학습과 발전

고성과 창출 팀은 지속적인 학습과 발전이 필요하다. 이를 위해 팀원들은 새로운 지식과 기술을 습득하고 서로의 학습을 지원한다.

또한, 팀원들은 실패를 두려워하지 않고 실패에서 배우며 개선해 나가는 문화를 갖춘다. 이를 통해 지속적인 학습과 발전을 추구하며 더 나은 성과를 이룰 수 있다.

3) 성과에 대한 공유와 피드백

고성과 창출 팀은 성과에 대한 공유와 피드백이 중요하다. 이를 위해 팀원들은 서로의 성과를 공유하고 성과를 개선하기 위한 피드백을 주고받는다.

또한, 성과를 정량적으로 측정하고 이를 바탕으로 지속적인 개선을 추진한다. 이를 통해 성과를 공유하고 피드백을 받으며 지속적인 고성과 창출이 가능하다.

4) 미래를 대비한 계획 수립

고성과 창출 팀은 미래를 대비한 계획 수립이 필요하다. 이를 위해 팀원들은 향후 목표와 비전을 수립하고 이를 달성하기 위한 계획을 세운다.

또한, 계획을 수립하고 실행하는 과정에서 발생할 수 있는 문제를 미리 예측하고 대비한다. 이를 통해 미래를 대비하고 지속적인 고성과 창출이 가능하다.

스타트업의 우수인재 발굴 및 영입

스타트업은 창업 초기에 기업의 비전과 미래를 결정하는 데 큰 역할을 한다. 그렇기 때문에 스타트업이 경쟁력을 갖추고 성장하기 위해서는 우수한 인재가 필수적이다. 이번 글에서는 스타트업에게 우수인재의 의미와 중요성에 대해 알아본다.

■ 우수인재란 무엇인가?
우수인재는 기업의 성장과 발전을 위해 필요한 인재로 해당 분야에서 높은 수준의 전문성과 능력을 갖추고 있으며 문제 해결 능력과 창의성, 그리고 팀워크와 리더십 등 다양한 역량을 지닌 사람이다.

우수인재는 스타트업의 성공적인 창업과 스케일업을 위한 경쟁력을 유지하고 발전하는 데 있어서 중요한 역할을 한다.

스타트업에게 우수인재의 중요성을 정리하면 다음과 같다.

1) 경쟁력 확보
스타트업에서는 새로운 아이디어와 기술력, 비즈니스모델 등이 경쟁력을 결정한다. 이런 경쟁력을 확보하기 위해서는 우수한 인재가 필요하다. 특히, 스타트업에서는 한 사람이 여러 가지 역할을 맡아야 하는 경우가 많은데, 우수한 인재는 다양한 역할을 수행할 수 있는 능력을 갖추고 있기 때문에 기업의 경쟁력을 높일 수 있다.

2) 빠른 성장 가능성

스타트업은 초기 단계에서는 인력, 자금, 기술 등 다양한 제한적인 상황에서 시작한다. 이런 상황에서 우수한 인재의 존재는 기업의 빠른 성장 가능성을 높일 수 있다. 우수한 인재는 빠르게 일을 처리하고 문제를 해결하며 기업의 목표 달성을 위해 노력할 수 있기 때문이다.

3) 혁신적인 기업문화 형성

스타트업에서는 혁신적인 아이디어와 창의적인 문화가 필요하다. 혁신적이고 창의적인 기업문화를 형성하기 위해서는 우수한 인재가 필요하다. 우수한 인재는 새로운 아이디어를 내고 이를 구현하는 데 필요한 기술과 노하우를 가지고 있으며 바람직한 기업 문화를 구성하는 데도 큰 기여를 한다.

스타트업은 초기에 기업 문화를 구성하는 것이 중요한데, 이를 구성하는 데 우수한 인재가 함께 노력하면 더욱 혁신적이고 긍정적인 문화를 형성할 수 있다.

4) 자금조달에 도움

스타트업은 초기 단계에서 자금조달이 매우 중요하다. 우수한 인재는 기업의 성장 가능성을 인식하고 이에 따라 투자 기회를 찾아줄 수 있으며 기업의 경쟁력을 높여 투자 기회를 더욱 높일 수 있다.

실제 벤처캐피탈 등에서 투자 의사결정을 이끌어내는 데 중요한 평가 기준이 바로 우수인재의 보유여부, 수준, 팀의 역량과 문화 등을 포함한다.

5) 긍정적인 이미지 형성

우수한 인재가 많은 스타트업은 좋은 이미지를 형성한다. 이는 기업의 브랜드 이미지에도 큰 영향을 미치며 스타트업은 경쟁이 치열한 분야에서 성장해야 하기 때문에 우수한 인재들이 함께 일하는 이미지는 경쟁력을 높이는 데 큰 도움이 된다.

6) 문제 해결 능력 강화

스타트업은 초기 단계에서 다양한 문제에 직면하게 된다. 이런 상황에서 우수한 인재가 함께 일하면 문제를 빠르게 해결할 수 있다. 우수한 인재는 다양한 경험을 바탕으로 문제 해결 능력이 뛰어나기 때문에 급변하는 시장 상황에서 빠르게 대응할 수 있는 능력을 갖출 수 있도록 돕는다.

결론적으로 스타트업에게 우수한 인재는 매우 중요하다. 우수한 인재가 함께 일하면 기업의 경쟁력을 높이고 빠른 성장 가능성을 갖출 수 있으며 혁신적인 문화를 구성할 수 있다.

또한, 자금조달에도 큰 도움이 되며 긍정적인 이미지를 형성하고 문제 해결 능력을 강화할 수 있고 우수한 인재를 끌어들이고 유지하며 개발하는 데도 많은 도움이 된다.

성공적인 팀 구축 프로세스와 전략적 고려사항

▌1. 스타트업 팀 구축 프로세스

스타트업에서는 성공적인 팀 구축이 매우 중요하다.

팀 구축은 스타트업이 급변하는 시장에서 경쟁력을 유지하고 빠르게 성장할 수 있는 핵심적인 요소 중 하나이므로 스타트업의 성공적인 팀 구축을 위한 프로세스에 대해 정리해본다.

1) 기업의 비전과 전략 수립

팀 구축을 시작하기 전에 기업의 비전과 전략을 먼저 수립해야 한다. 기업의 비전과 전략은 팀원들이 나아갈 방향을 제시하고 함께 일할 수 있는 가치관을 공유할 수 있도록 도와준다.

2) 역할 분담 및 필요 역량 분석

역할 분담을 통해 각 팀원들이 맡을 역할과 책임을 명확히 해야 한다. 또한, 필요한 역량을 분석하여 적절한 인재를 뽑을 수 있도록 하며 이를 위해 구체적인 업무 내용과 역량 요건을 명확히 정의하고 이를 기반으로 적절한 팀원을 모집한다.

3) 팀원 모집

적절한 팀원을 모집하는 것이 중요하다. 이를 위해서는 전략적인 모집 프로세스를 수립하고 적극적으로 홍보를 해야 하며 모집 대상과 기업의 가치관이 일치하는지 확인하는 인터뷰 과정을 거쳐 적합한 인재를 찾아내야 한다.

4) 적극적인 의사소통과 협업

성공적인 팀 구축을 위해서는 적극적인 의사소통과 협업이 필요하다. 이를 위해 회의를 통해 의견을 공유하고 문제를 해결하며 팀원들 간의 신뢰를 높이는 것이 중요하므로 각 팀원의 강점을 활용하여 팀의 성과를 높일 수 있도록 한다.

5) 팀원의 성장과 발전을 위한 교육 및 피드백 제공

성공적인 팀 구축을 위해서는 팀원의 성장과 발전을 위한 교육 및 피드백이 필요하다. 이를 위해 역량 개발 프로그램을 운영하고 팀원들 간의 피드백을 지속적으로 제공하여 자기개발과 팀의 성과 향상을 도모한다. 피드백은 정기적인 면담을 통해 개인별로 제공하며 팀의 성과를 분석하여 팀 전체에 대한 피드백도 제공한다.

6) 문제 해결 및 개선을 위한 프로세스

스타트업에서는 빠른 문제 해결과 개선이 중요하다. 이를 위해 팀원들은 문제를 발견하면 즉시 조치를 취하고 문제가 재발하지 않도록 개선 방안을 모색하며 그 과정에서 팀원들은 새로운 아이디어를 제안하고 문제 해결 능력을 함께 키워나간다.

7) 팀의 목표와 성과 분석

성공적인 팀 구축을 위해서는 목표와 성과를 분석하는 것이 필요하다. 이를 위해 팀의 목표를 세우고 이를 기반으로 팀의 성과를 분석하며 성과 분석은 정기적으로 수행되며 문제점을 파악하여 개선 방안을 모색한다.

8) 우수한 인력의 보상 및 인센티브 제공

성공적인 팀 구축을 위해서는 우수한 인력의 보상과 인센티브 제공이 필요하다. 이를 통해 우수한 인력을 유지하고 팀원들의 열정과 동기를 유지할 수 있다. 보상과 인센티브는 성과에 따라 적절히 제공되며 이를 통해 우수한 인력을 유치할 수 있다.

2. 스타트업의 성공적인 팀 구축 고려사항

다음으로 스타트업에서 성공적인 팀 구축을 위해서는 다음과 같은 전략적인 고려사항이 필요하다.

1) 다양성 확보

다양한 경험과 배경을 가진 다양한 인재들이 모여야 스타트업은 성장할 수 있다. 스타트업에서는 다양한 분야의 인재들을 적극적으로 모집하고 다양한 인재들이 함께 일할 수 있는 환경을 조성하여 팀 내 다양성을 확보해야 한다.

2) 문제 해결 능력

스타트업에서는 빠른 문제 해결 능력이 필수적이다. 이를 위해서는 문제를 빠르게 인식하고 빠르게 대응할 수 있는 능력이 필요할 것이므로 팀 구성원들은 문제를 해결할 수 있는 능력과 경험이 있어야 한다.

3) 창의성과 혁신성

스타트업에서는 창의성과 혁신성이 중요한 역할을 한다. 창의적인 아이디어를 내고 혁신적인 아이디어를 구현하는 것이 스타트업의 성장을 이루는 데 필수적일 것이므로 팀 구성원들은 창의성과 혁신성을 발휘할 수 있는 역량을 지니고 있어야 한다.

4) 빠른 학습 능력

스타트업에서는 빠른 학습 능력이 중요하다. 기술, 비즈니스모델, 시장 변화 등 매우 빠르게 변화하는 환경에서는 빠르게 새로운 것을 습득하고 적용할 수 있는 능력이 필요하므로 팀 구성원들은 빠른 학습 능력을 가지고 있어야 한다.

5) 팀워크와 리더십

성공적인 팀 구축을 위해서는 팀워크와 리더십이 중요하다. 팀 구성원들이 서로에게 존중하고 협력하여 일할 수 있어야 하며 리더십을 발휘하여 팀원들의 역량을 높일 수 있어야 한다.

6) 적절한 보상과 인센티브 제공

우수한 인재들을 유치하고 유지하기 위해서는 적절한 보상과 인센티브 제공이 필요하다. 스타트업에서는 자체적인 보상 제도와 인센티브를 제공하여 팀원들의 열정과 동기를 유지해야 하며 이를 통해 우수한 인력을 유치하고 유지하여 스타트업의 성장을 이루어낼 수 있다.

7) 유연성과 빠른 대응 능력

스타트업에서는 시장 변화나 기술적인 변화 등 빠른 대응 능력이 중요하다. 따라서 팀 구성원들은 빠른 대응 능력을 지니고 있어야 하며 유연성 있는 업무 처리가 가능해야 한다.

8) 비전 공유와 목표 설정

팀 구성원들은 스타트업의 비전과 목표를 공유하고 목표를 세우는 과정에 참여해야 한다. 이를 통해 팀원들은 기업의 방향성을 이해하고 함께 일하는 가치관을 공유할 수 있으며 성과를 이루는 데 필요한 방향성을 파악할 수 있다.

9) 인재 유치와 유지

성공적인 팀 구축을 위해서는 인재 유치와 유지가 필요하다. 이를 위해 스타트업은 팀원들의 성장과 발전을 지원하고 적절한 보상과 인센티브를 제공하여 우수한 인력들을 유치하고 유지해야 한다.

이러한 고려사항을 바탕으로 팀 구성원들이 함께 협력하여 성공적인 팀을 구축하고 스타트업의 성장을 이루어낼 수 있다.

🎯 팀의 퍼포먼스 극대화 방안

스타트업의 팀 퍼포먼스를 극대화하는 방법은 다양하다.

다음은 스타트업에서 팀 퍼포먼스를 극대화하는 방법이다.

1) 명확한 비전과 목표 설정

스타트업에서는 명확한 비전과 목표 설정이 필요하다. 비전과 목표가 명확하게 정해져 있으면 팀원들은 이를 바탕으로 역할과 책임을 분명히 인지하고 목표를 향해 노력할 수 있다. 또한, 목표를 달성하기 위해 팀원들은 협력하고 함께 노력할 수 있다.

2) 역할과 책임 분명화

스타트업에서는 역할과 책임이 명확해야 한다. 각 팀원들은 자신의 역할과 책임을 정확히 이해하고 이를 바탕으로 업무를 수행할 수 있다. 이를 위해 역할과 책임을 분명히 정의하고 이를 공유하는 과정이 필요하다.

3) 팀원들의 역량 개발

스타트업에서는 팀원들의 역량 개발이 중요하다. 팀원들은 계속해서 역량을 키워나가야 스타트업의 성장을 이루어낼 수 있다. 따라서 팀원들의 역량 개발을 위한 교육과 훈련을 지속적으로 제공하고 업무 수행에 필요한 기술과 지식을 습득할 수 있는 환경을 제공해야 한다.

4) 팀 내 의사소통 강화

팀 내 의사소통이 원활해야 팀 퍼포먼스를 극대화할 수 있다. 팀원들은 자신의 생각과 의견을 자유롭게 표현하고 다른 팀원들과의 의견 충돌을 최소화할 수 있어야 한다. 따라서 팀 내 의사소통을 강화하기 위한 시스템과 규칙을 만들어야 한다.

5) 업무 프로세스 개선

스타트업에서는 업무 프로세스가 빠르게 변화하므로 업무 프로세스를 지속적으로 개선하고 효율적으로 운영하는 것이 중요하다. 이를 위해서는 업무 프로세스를 분석하여 문제점을 파악하고 이를 개선하는 방안을 모색해야 한다. 또한, 업무 수행에 필요한 자동화 시스템을 도입하여 업무의 효율성을 높일 수 있다.

6) 성과 관리와 보상 체계

성과 관리와 보상 체계가 팀 퍼포먼스를 극대화하는 데 중요한 역할을 한다. 스타트업에서는 명확한 성과 지표를 설정하고 이를 바탕으로 성과를 측정하여 평가해야 한다. 또한, 우수한 성과를 보여준 팀원들에게 적절한 보상과 인센티브를 제공하여 팀원들의 열정과 동기를 유지할 필요가 있다.

7) 팀 내 충돌 관리

스타트업에서는 팀 내 충돌이 발생할 수 있다. 따라서 충돌을 예방하고 해결할 수 있는 방안을 마련해야 하며 충돌이 발생할 경우, 팀 리더는 적극적으로 해결 방안을 모색하고 팀원들과 공유하여 문제를 해결해야 한다.

8) 팀원들의 열정과 동기 부여

스타트업에서는 팀원들의 열정과 동기 부여가 중요하다. 이를 위해서는 팀원들의 목표와 비전을 이해하고 이에 부합하는 일을 수행할 수 있도록 지원해야 한다. 또한, 팀원들이 성취감을 느끼며 일을 수행할 수 있도록 자신의 일에 대한 자율성을 부여하고 역량을 적극적으로 발휘할 수 있는 환경을 제공해야 한다.

9) 팀 내 다양성 존중

스타트업에서는 다양한 배경과 경험을 가진 팀원들이 모여 일하는 경우가 많다. 이를 바탕으로 다양한 아이디어와 시각을 공유하며 협업할 수 있어야 하며 팀원들은 서로 다른 관점과 경험을 존중하며 함께 일하는 환경을 조성해야 한다.

10) 지속적인 개선과 피드백

스타트업에서는 지속적인 개선과 피드백이 필요하다. 이를 위해서는 업무 수행에 대한 피드백과 개선 방안을 지속적으로 제공해야 한다.

09

스타트업 자금조달(1)
창업지원자금

Develop a clear fundraising strategy, and communicate a compelling value proposition and future vision of the company to investors.

(자금조달 전략을 구체화하고 투자자들에게 명확한 가치 제안과 회사의 미래 비전을 전달하라.)

-Brad Feld and Jason Mendelson, Venture Deals:
Be Smarter Than Your Lawyer and Venture Capitalist-

🎯 스타트업 자금조달의 이해

스타트업에게 자본조달은 스타트업이 성장하고 발전하기 위한 필수적인 요소이다.

자본조달 유형은 크게 두 가지로 나눌 수 있다.

첫 번째는 자본시장에서 자금을 조달하는 것이고
두 번째는 비자본시장에서 자금을 조달하는 것이다.

자본시장에서 자금을 조달하는 방법으로는 주식 발행, 채권 발행, 자산 판매 등이 있다. 반면에 비자본시장에서 자금을 조달하는 방법으로는 대출, 지원금, 보조금 등이 있다.

전략적인 자본조달 방법은 스타트업의 상황에 따라 달라질 수 있다. 일반적으로 스타트업이 초기 단계에서는 창업자나 가족, 친구, 지인으로부터 자금을 조달하는 경우가 많다. 이후에는 벤처캐피털, 엔젤투자 등의 투자자들로부터 자금을 조달할 수 있다.

또한, 스타트업이 성장하면서 새로운 사업분야나 글로벌 시장 진출 등의 계획을 가지게 되면 정부지원금을 받는 것도 좋은 전략적인 방법이다.

자본조달을 위해서는 스타트업이 자신의 비전과 목표, 현재 상황을 잘 파악하고 투자자들에게 이를 설명할 수 있어야 한다. 또한, 투자자들에게 스타트업의 성장 가능성과 수익성 등을 설득력 있게 전달할 수 있어야 하며 이를 위해서는 비즈니스 플랜, 자금 계획 등을 철저하게 준비해야 한다.

▌1. 스타트업 성장단계별 자본조달 프로세스와 주요 방법

스타트업은 성장 단계마다 필요한 자본조달 방법이 다르기 때문에 성장 단계별로 자본조달 프로세스와 주요 방법들을 정리하면 다음과 같다.

1) 초기 단계(시드 Stage)

- 자기자본(Bootstrap): 창업자 개인이나 가족, 친구 등으로부터 자금을 조달

- 엔젤투자(Angel Investment): 개인 투자자들이 스타트업에 자금을 투자. 보통은 수백만 달러 이하의 규모의 자금이 투자

- 시드펀드(Seed Fund): 엔젤투자보다는 더 많은 금액을 투자할 수 있는 투자회사이다. 시드펀드는 대부분 일반인들이 투자할 수 있는 기회를 제공

2) 성장 단계(성장 Stage)

- 벤처캐피털(Venture Capital): 대부분의 스타트업이 벤처캐피털을 통해 자금을 조달. 벤처캐피털은 수백만 달러에서 수천만 달러 이상의 규모의 자금을 투자

- 시드 라운드(Seed Round): 시드 스테이지 이후 성장을 위해 추가적인 자금을 필요로 할 때 진행하는 투자 라운드

- 시리즈 A, B, C 등의 라운드(Series A, B, C, etc.): 스타트업이 성장하면서 필요한 자금의 규모가 점점 커지게 되면 시리즈 A, B, C 등의 라운드를 진행

3) 성숙 단계(성숙 Stage)

- IPO(Initial Public Offering): 스타트업이 상장하여 주식을 발행하고 자금을 조달
- M&A(Mergers and Acquisitions): 인수·합병으로 대기업, 스타트업 등과 다양한 방식으로 가능

자금조달의 주요방법도 다양한데 다음과 같은 유형이 있다

- 주식발행(Equity Financing): 스타트업이 발행한 주식을 통해 자금을 조달하는 방법
- 채권발행(Debt Financing): 회사채권을 발행하여 자금을 조달하는 방법
- 대출(Loan): 대출 상품을 이용하여 자금을 조달하는 방법. 스타트업이 신용을 담보로 자금을 차입
- 정부지원금(Government Grants): 정부에서 제공하는 지원금을 받아 자금을 조달하는 방법. 보통은 창업 신기술 사업화, 연구개발, 환경 보전 등과 같은 분야에 지원금이 제공됨
- 부동산 임대 및 판매(Real Estate Leasing and Sales): 부동산 임대나 판매를 통해 자금을 조달하는 방법. 하지만, 이 방법은 대부분의 스타트업에게는 적용되지 않음

스타트업 창업 인사이트

이러한 자본조달 방법은 스타트업의 상황과 필요에 따라 선택되어 진행된다. 따라서 스타트업은 자신의 비전과 목표, 경영전략 등을 충분히 분석하고 그에 따라 최적의 자본조달 방법을 선택하는 것이 중요하다.

▌2. 스타트업 창업시 전략적인 자금조달 계획과 프로세스

스타트업 창업시 전략적인 자금조달 계획 수립은 스타트업이 미래에 대한 비전과 목표를 설정하는 것부터 시작한다. 그리고 그에 따라 필요한 자본을 조달하기 위한 전략을 수립하는 것이 중요하다. 이를 위해서는 몇 가지 단계적인 프로세스를 준비해야 한다.

1) 비즈니스모델 및 비즈니스 플랜 수립

스타트업이 전략적인 자금조달 계획을 수립하기 위해서는 먼저 비즈니스모델과 비즈니스 플랜을 수립해야 한다. 비즈니스모델은 스타트업의 핵심가치 제안과 수익모델, 고객 세그먼트, 제품 또는 서비스 등을 포함한다. 그리고 비즈니스 플랜은 비즈니스모델을 토대로 스타트업이 성공하기 위해 필요한 모든 전략과 계획을 담은 문서이다.

2) 자금조달 목표와 계획 수립

스타트업이 비즈니스모델 및 비즈니스 플랜을 수립한 후, 자금조달 목표와 계획을 수립해야 한다. 이를 위해서는 스타트업이 필요로 하는 자본금을 계산하고 자금조달을 통해 필요한 자본금을 얼마나 조달할 수 있는지 검토해야 한다. 이를 토대로 목표 자금을 설정하고 이를 달성하기 위한 자금조달 계획을 수립해야 한다.

3) 자금조달 방법 탐색

스타트업이 자금조달 계획을 수립한 후, 다양한 자금조달 방법을 탐색해야 한다. 이를 위해서는 스타트업이 필요로 하는 자본금에 맞는 자금조달 방법을 고민해야 한다. 예를 들어, 스타트업이 초기 단계에서는 엔젤투자나 시드펀드, 시드라운드를 통한 자금조달이 가능하다. 반면에 성장 단계에서는 벤처캐피털, 시리즈 A, B, C 등의 라운드를 통한 자금조달이 가능하며, 이를 토대로 적절한 자금조달 방법을 선택하고 관련된 투자자들과 연결되는 것이 중요하다.

4) 투자자 타겟팅 및 투자유치

적합한 자금조달 방법을 선택한 후, 투자자 타겟팅이 필요하다. 이를 위해서는 자금을 조달할 수 있는 대상의 특징, 투자 스타일, 자금조달 가능한 분야 등을 파악해야 한다. 그리고 이에 따라 투자자에게 커뮤니케이션을 전달하고 투자자의 관심을 유도해야 한다. 이후 투자자와의 계약 및 투자유치 과정을 진행하여 자금을 조달할 수 있다.

5) 자금 사용 계획

자금을 조달한 후에는 그 자금을 어떻게 사용할 것인지 계획이 필요하다. 스타트업이 자금을 사용하는 방식은 투자자들이 자금 사용 계획에 대해 신뢰할 수 있는지 확인하는 데 큰 역할을 한다. 자금 사용 계획은 스타트업의 다양한 분야에서 활동하는 부서들 간의 협력으로 만들어져야 한다.

6) 자금 사용의 효율적인 추적

마지막으로 스타트업이 자금을 사용하는 방식을 효율적으로 추적해야 한다. 자금 사용이 실질적으로 목표를 달성하는 것인지, 어떤 부분에서 자금이 불필요하게 사용되고 있는지 등을 파악해야 한다. 이는 투자자들이 스타트업에 대한 신뢰도를 높이는 데 중요한 역할을 한다.

스타트업 창업시 전략적인 자금조달 계획을 수립하기 위해서는 위와 같은 프로세스를 수행해야 한다. 이를 통해 스타트업은 효과적으로 자금을 조달하고 성장과 발전을 이룰 수 있다.

▌3. 스타트업의 성공적인 자본조달 전략

다음은 스타트업이 성공적인 자본을 조달하기 위한 전략을 정리해 보면 다음과 같다.

1) 명확한 목표 설정

스타트업이 필요로 하는 금액과 목표, 그리고 자금조달 후의 목표 달성에 대한 계획 등을 명확하게 설정해야 한다.

2) 투자자 타겟팅

투자자들의 기업 투자 희망 분야와 스타트업의 분야를 맞추는 것이 중요하다. 또한, 벤처 캐피탈이나 엔젤투자자 등의 투자자를 선택할 때에는 그들의 이전 투자 이력이나 포트폴리오를 확인하여 투자자와 스타트업 간의 맞춤형 투자가 이루어져야 한다.

3) 비즈니스 플랜 작성

스타트업이 대상으로 하는 투자자들을 위한 비즈니스 플랜을 작성해야 한다. 이때 명확하고 간결한 비즈니스모델, 비즈니스를 지속적으로 발전시킬 수 있는 세부 전략과 이를 이루기 위한 목표, 지표 등을 작성해야 한다.

4) 신뢰 관계 구축

투자자들과 지속적인 소통을 통해 신뢰 관계를 구축하는 것이 중요하다. 대화를 통해 상대방의 투자 관심사나 필요한 정보를 파악하고 그에 따라 비즈니스 플랜을 수정하는 것도 좋은 방법이다.

5) 조건 협상

자금조달시에는 투자자와의 조건 협상이 이루어진다. 이때 스타트업이 제시하는 조건이 투자자에게도 이익이 되어야 한다.
또한, 금융 전문가나 변호사 등의 전문가와 함께 협상을 진행하는 것도 좋은 방법이다.

4) 자금 사용 계획

자금조달시에는 이를 어떻게 사용할 것인지를 구체적으로 계획해야 한다. 투자자들은 자신들이 투자한 돈이 어떻게 사용되는지를 확인하고 이를 위한 목표 달성 가능성을 평가한다.

5) 성장 가능성 보여주기

자본조달을 위해서는 스타트업의 성장 가능성을 보여주어야 한다.

이를 위해서는 기술력, 경쟁력, 시장분석, 목표 등을 명확하게 보여주는 것이 중요하다. 자본조달 전략은 스타트업이 성장하고 발전하는 데 있어서 매우 중요한 과정이다.

따라서 스타트업은 위에서 언급한 유의사항과 전략을 준비하고 성공적인 자본조달을 할 수 있도록 노력해야 한다.

🎯 창업지원자금의 이해

정부와 지자체, 공공기관은 각 부처와 지자체별로 다양한 창업지원자금을 지원하고 있다.

【정부의 창업지원사업 내용】

■ 자료 : 필자 정리

【연도별 창업지원사업 통합공고 현황 : 개, 억원)】

구분	'20년	'21년	'22년	'23년(A)	'24년(B)
지원기관(개)	16	31	94	103	99
중앙부처	16	14	14	14	11
광역지자체	△	17	17	17	17
기초지자체	-	-	63	72	71
대상사업(개)	90	193	378	426	397
중앙부처	90	89	100	102	86
광역지자체	-	104	152	176	160
기초지자체	-	-	126	148	151
지원예산(억원)	14,517	14,623	36,668	36,607	37,121
중앙부처	14,517	13,812	35,578	35,078	35,621
광역지자체	-	811	885	1,243	1,167
기초지자체	-	-	205	286	333

■ 자료 : 중소벤처기업부

　창업지원사업은 다양한 부문, 부처, 지자체 등이 지원하고 있으므로 주무부처인 중소벤처기업부 산하 창업진흥원, 소상공인시장진흥공단 외 지원정보를 제공하는 플랫폼 등을 참고해야 한다.

　당연히 중소벤처기업부 외 타 부처 창업지원사업은 타 부처의 산하 공공기관이나 평가기관이 주관기관으로 관리하고 있으므로 해당기관을 파악한 후 해당 홈페이지를 통해 공고내용 확인, 신청접수 등을 하여야 할 것이다.

　또한 창업지원사업의 유형에 따른 지원대상, 지원대상의 업력, 업종이나 아이템, 지역 등 사업별 지원대상과 세부적인 지원내용, 중복지원 가능여부 등을 확인하고 접근하여야 한다.

　이외에도 지역창조경제혁신센터, 지방자치단체 등이 지원하는 창업지원사업과 공모전이 다양하게 존재할 것이므로 자신에 맞는 지원사업을 스크리닝하고 접근하는 것이 바람직할 것이다.

일반적으로 창업지원자금은 창업지원, 기술개발지원, 융자지원, 교육 및 컨설팅지원 등으로 나누어진다.

🎯 창업지원사업 접근시 알아야 할 10가지 사항

수많은 창업지원사업이 존재하지만, 현실적으로 접근할 수 있는 창업지원사업은 자신의 창업준비 단계, 업종이나 창업지원 영역 등 선택적으로 접근할 수밖에 없다. 창업지원사업 접근의 근본적인 목적은 지원사업 선정을 통해 성공적인 창업을 위한 시작과 기반을 마련하는 데 있다.

스타트업 창업자들은 성공적인 창업을 위해 다양한 지원사업에 접근할 필요가 있다. 하지만, 이러한 지원사업들은 다양한 조건과 요건을 가지고 있으며 이를 충족시키지 않으면 지원을 받지 못할 수도 있다.

따라서 스타트업 창업자들은 지원사업에 접근하기 전에 꼭 알아야 할 10가지 사항이 있다.

1) 지원대상과 조건 확인하기

스타트업 창업자들은 먼저 지원 대상과 조건을 꼼꼼하게 확인해야 한다. 지원 대상이나 조건을 충족하지 못하면 지원을 받을 수 없으므로 지원사업을 신청하기 전에 반드시 확인해야 한다.

2) 지원사업 내용 확인하기

지원사업의 내용을 확인해야 한다. 지원하는 내용이 내가 원하는 내용인지 창업에 필요한 내용인지를 파악해야 한다.

3) 지원사업 신청 절차 파악하기

지원사업을 신청하기 위해서는 복잡한 절차가 필요할 수 있다. 따라서 지원사업 신청 절차를 꼼꼼하게 파악하고 필요한 서류를 미리 준비해야 한다.

4) 지원금액과 지원비율 확인하기

지원사업에서 지원하는 금액과 지원 비율을 확인해야 한다. 이를 통해 내가 신청한 지원사업에서 어느 정도의 금액을 지원받을 수 있는지를 파악할 수 있다.

5) 기간 및 선발 기준 확인하기

지원사업에서는 기간과 선발 기준이 중요하다. 기간이 지나면 지원을 받을 수 없으므로 지원사업 기간을 미리 파악하고 선발 기준을 충족시키기 위한 노력을 해야 한다.

6) 지원사업의 예산과 집행내역 파악하기

지원사업은 국가 예산으로 운영되는 경우가 많다. 이에 따라 지원사업의 예산과 집행 내역을 파악하고 예산을 투명하게 운영하는 기관에서 지원받는 것이 중요하다.

7) 적극적인 커뮤니케이션

필요성 지원사업을 받기 위해서는 적극적인 커뮤니케이션이 필요하다. 지원사업 기관과 소통하면서 필요한 정보나 조언을 얻을 수 있으며 지원사업에 대한 정보도 미리 파악할 수 있다.

8) 지원사업의 결과물 활용 방안 검토하기

지원사업을 받은 결과물을 효율적으로 활용하는 방안을 검토해야 한다. 지원사업에서 얻은 지식과 기술 등을 활용하여 창업을 발전시키는 것이 중요하다.

9) 지원사업에 참여하는 다른 창업자들과의 네트워킹

지원사업에 참여하는 다른 창업자들과의 네트워킹은 매우 중요하다. 다른 창업자들과의 소통과 공유를 통해 서로 도움을 주고받을 수 있으며 협력 가능성도 높아진다.

10) 지원사업의 성과 분석

지원사업을 받은 후에는 지원사업의 성과 분석을 꼼꼼히 해야 한다. 지원사업에서 얻은 지식과 기술 등을 어떻게 활용했는지, 지원사업으로 인해 얻은 경제적 이익 등을 파악하여 창업을 더욱 발전시키는 데 활용할 수 있다.

스타트업 창업자들은 이러한 10가지 사항을 꼼꼼히 파악하고 지원사업에 적극적으로 참여하여 창업을 발전시켜 나가는 데 활용해야 한다.

🎯 창업지원사업에서 탈락하는 10가지 이유

누군가는 창업지원사업 선정을 통해 새로운 기회와 도전을 하게 될 것이고 누군가는 탈락의 고배를 경험하면서 탈락의 원인이 무엇인가를 고민하게 될 것이다. 사실 명확한 정답은 없을 것이다. 창업지원사업은 일정기준을 정하고 그 기준에 부합하는 점수를 획득하면 합격시키는 절대평가가 아닌 지원대상의 숫자를 정하고 그 순위에 해당하는 창업자와 창업기업을 선발하는 상대평가이기 때문이다.

그럼에도 불구하고 창업지원 분야에서 20년 이상의 개인적인 평가 경험을 기반으로 창업지원에서 탈락하는 공통적인 부분들을 다음 10가지의 대표적인 사유들로 정리 제시해본다.

1) 부실한 사업계획서

창업지원사업에서 가장 중요한 요소는 사업계획서이다. 사업계획서는 창업하고자 하는 사업에 대한 구체적이고 논리적인 플랜으로 자신이 사업을 체계적으로 실행하기 위한 나침반의 역할도 수행하지만, 창업지원사업에서는 평가위원들에게 자신의 창업아이템과 비즈니스모델, 창업과 관련된 시장조사와 준비과정, 향후 창업실행을 위한 구체적인 전략과 플랜을 제시하여 설득하는 도구이기도 하다.

문제는 많은 창업자들이 사업계획서에 이러한 준비와 고민, 열정, 구체적인 전략과 플랜을 제대로 담아내지 못한다는 것이다. 특히 창업지원 대상자나 기업을 선정하는 평가위원들은 해당사업의 평가기준에 의거해 사업계획서를 평가하는 것이므로 해당 사업계획서가 평가기준에 부합되게 작성되어 창업의 성공가능성을 보유하고 있느냐가 중요한 것이다. 결국 창업의 핵심성공요소를 제대로 담아내지 못한 부실한 사업계획서는 창업지원에서 탈락하게 되는 것이다.

2) 창업자의 사업 이해도 및 전문성 부족

창업자들은 자신의 사업에 대한 전반적인 이해가 당연히 필수적이다. 문제는 다수의 창업자는 자신의 사업에 대한 미숙한 이해나 단편적인 접근으로 실패할 수 있으며 창업지원사업에서도 탈락하게 된다.

현실에서도 창업에 도전하고자 하는 창업자들이 자신의 창업아이템에 대해 가장 잘 이해하고 있을 것으로 생각할 수 있지만, 그동안 수많은 예비창업자나 창업자들 교육 및 멘토링 등을 통해 경험한 바로는 그렇지 않다는 것이다. 가장 기본적인 시장조사나 현장에 대한 이해 비즈니스모델과 수익창출방안, 시장 진입전략, 법적인 제약사항 등에 대한 제대로 된 조사나 검토없이 막연하게 잘 될 것이라는 기대로 창업에 도전하는 경우도 허다하다.

이러한 연유로 창업교육이나 멘토링을 통해 창업아이템을 포기하거나 피봇하는 사례가 다수 발생하는 것이다.

3) 창업 아이디어와 아이템의 경쟁력 부족

당연한 얘기이지만 창업자들은 경쟁력 있는 제품이나 서비스를 개발하여 시장에서 성공해야 한다. 문제는 창업자들은 자신의 아이디어와 아이템이 경쟁력을 확보하고 있다고 오판하는 경우도 다수라는 것이다. 결국 자신의 아이템과 비즈니스모델의 경쟁력과 지속가능성을 사업계획서를 통해 증명하는 과정이 창업지원사업의 평가과정임을 명심해야 한다.

평가위원들에게 자신의 창업아이템과 비즈니스모델의 경쟁력과 성공가능성을 설득하지 못하면 탈락한다는 것이다. 즉, 경쟁력과 성공가능성은 주관적인 판단이 아닌 시장지향적이고 객관적인 자료와 논리를 통해 설득할 수 있어야 하는 것이다.

4) 기술력 및 혁신역량의 부족

우수한 기술력이 창업 성공을 담보하지는 않지만, 시장에서의 경쟁우위를 위한 핵심요소일 수밖에 없다. 창업은 수많은 경쟁자들과의 치열한 경쟁에서 시장을 창출하고 지속적인 포지션을 확보하여야 생존이 가능한 현실게임이다.

따라서 창업지원사업에서도 해당 아이템과 기술에 대한 기술력, 창업팀의 혁신역량을 중요하게 평가할 수밖에 없다.

창업지원사업에 임하는 창업자는 사업계획서에 보유하고 있는 기술력, 부족한 기술력을 어떻게 조달하고 확보할 것인가에 대한 명확한 플랜을 제시하고 지속적인 혁신을 통해 변화하는 시장에 어떻게 대응할 것인가를 설명하여야 한다.

5) 비즈니스모델/수익모델의 부적절성

창업자들은 비즈니스모델을 개발하고 시장대응을 통해 수익을 창출해야 한다. 그러나 비즈니스모델이 부적절한 경우에는 성공할 수 없으므로 창업지원사업에서 탈락하게 된다. 비즈니스모델은 명확한 타겟고객, 타겟고객의 문제와 제공가치, 문제 해결 솔루션, 접근채널, 수익창출 방안과 그 규모, 창업팀의 핵심역량과 활동, 투자와 비용 등에 대한 명확한 대안이 필요한 것이다.

즉, 해당사업의 고객과 고객의 문제, 문제 해결을 통한 가치, 수익모델 등이 명확하게 부각되어야 하는데, 사업계획서나 프리젠테이션을 통해 도대체 누가 고객이지? 어떤 문제를 해결하지? 어떻게 접근하지? 돈은 어떻게 벌지? 자원은 어떻게 조달하지? 도대체 투자대비 수익의 경제성이 있나? 등에 대한 해답을 찾을 수 없다면 비즈니스모델이 적절하지 않다고 볼 수 있다는 것이다.

6) 시장조사/현장검증 부족

시장조사와 현장에 대한 검증은 창업에 있어 매우 중요한 요소이다. 그러나 시장조사나 현장검증이 충분히 하지 않은 경우에는 창업에 대한 충분한 준비를 하지 않은 것으로 판단되어 지원사업에서 탈락하게 된다. 실제 다수의 창업자들은 현장에 대한 조사나 이해 없이 인터넷을 통한 서치만으로 창업지원사업에 도전하는 경우가 존재하며 그 경우도 개략적인 자료만으로 사업계획서를 작성하는 경우도 허다하다!

특히 현장에 대해 이해나 현장에서의 상황을 전혀 알지 못하면서 그럴 것이라는 추론만으로 매력적인 창업기회를 확인했다고 오판하는 경우가 생기는 것이다.

7) 창업팀의 기업가 정신/역량 부족

창업자와 창업팀은 창업에 있어서 매우 중요한 요소이다. 특히나 기술창업, 특별한 경험을 요구하는 경우에는 더욱 그러하다. 창업팀의 기업가 정신은 창업에 도전하는 마인드와 예상되는 난관을 어떻게 극복할 지를 확인할 수 있으며 창업을 준비하는 과정 등을 통해 확인할 수 있다.

문제는 수많은 창업지원사업이 생기면서 열정과 치열한 고민을 담은 기업가 정신을 보유한 창업팀을 찾기가 쉽지 않다는 것이다. 창업지원 사업이 많아진 만큼 한번 창업이나 해보지 하는 단편적인 접근으로 지원사업에 선정되는 경우, 다수의 창업지원사업을 돌아가면서 지원받는 지원금 사냥꾼들이 생기는 문제들도 생기고 있다. 이를 거르는 것이 평가위원들의 몫이긴 하지만 현실적으로는 한계가 존재한다.

8) 법적 제약, 시장 진입 장벽

창업자들은 법적, 다른 시장 진입 장벽 등의 여러 제약사항을 고려해야 한다. 국내의 경우 많은 공유모델 등의 창업이 법적제약으로 실질적인 사업이 쉽지 않은 경우다 여기에 해당한다. 이외에도 혁신적인 창업은 기존의 문제를 해결하고자 하는 대안으로 접근하지만, 기존 사업 영역의 법적인 규제, 진입장벽 등이 존재하는 경우가 다수이므로 이와 같은 문제를 사전에 철저하게 확인하는 작업이 필요하다.

창업지원사업에서도 전문 평가위원들이 각 사업의 법적 제약, 시장 진입 장벽 등이 높다고 판단하는 경우 현실적으로 사업을 진행할 수 없으므로 창업지원사업에서 탈락하게 된다.

9) 실현가능성을 담보하는 마케팅 전략/자금조달 전략의 미흡

창업자들은 창업아이템이나 비즈니스모델 구현을 위한 솔루션 등을 개발하고 초기 시장 진입을 위한 마케팅 전략을 수립 실행하여 시장에 진입하고 경쟁력을 확보해야 한다. 그러나 체계적인 마케팅 전략 수립, 실행을 위한 자원이 부족한 경우에는 제품이나 서비스가 시장에서 진입이 쉽지 않을 것으로 판단되는 경우 창업지원사업에서 탈락하게 된다.

좋은 전략이나 자원조달방법이 아닌, 창업자의 자원과 역량 등을 고려한 실현가능한 전략과 실행대안, 자원조달방안 등이 구체적으로 제

스타트업 창업 인사이트

시되는 것이 필요한 것이다.

10) 공감과 설득의 실패

창업지원사업은 창업자가 자신의 사업에 대한 계획을 사업계획서 발표를 통해 평가위원들을 설득하고 공감을 획득하는 것으로 볼 수 있다. 자신이 아무리 좋은 사업아이디어와 계획을 갖고 있다고 확신해도 평가위원을 설득하고 공감을 일으키지 못하면 좋은 평가를 얻을 수가 없는 것이다.

공감과 설득을 위해서는 자신의 관점이나 언어가 아닌 상대방의 관점에서 궁금해 하는 내용들을 상대방의 언어로 사업계획을 작성하고 설득하고 공감할 수 있는 내용들로 채워야 한다.

최근의 창업 생태계에서는 수많은 창업지원사업이 운영되고 있다. 이들 창업지원사업에서 탈락하는 이유는 매우 다양하지만, 위에서 언급한 대표적인 10가지 사항은 창업자들이 신중히 검토해야 할 사항들이다.

✏️ 창업지원자금의 명과 암

건국 이후 가장 좋은 스타트업 창업지원 정책의 시대, 그 명과 암에 대해 알아보자!

개인적으로 1999년부터 창업지원 관련 컨설팅, 평가 등에 참여해왔고 나름 국내 벤처붐이 일던 초창기 벤처창업정보 콘텐츠로 창업해 벤처창업과 관련된 정보제공사이트 개설 및 운영, 2005년 국내 최초 벤처창업스쿨인 서울시 벤처창업스쿨 초대 담임교수, 2012년 창업멘토 양성과정인 희망설계아카데미 초대 담임교수 등 창업지원 영역의 많은 분야를 접해 온 입장에서도 지금의 창업지원 정책이 풍성한 것은 사실이다.

창업지원 예산은 매년 증가해왔고 정부산하기관, 지자체, 공공기관 등의 창업지원공모전, 프로그램도 과거와 비교할 수 없도록 확대되었다.

또한 기존 제조나 SW 중심에서 콘텐츠, 관광, 로컬, 농업, 임업, 소셜 등 소외된 분야도 다양한 창업지원 프로그램이 생겼고 소상공인 영역도 신사업사관학교, 청년상인, 혁신형 창업 등 거의 전 분야로 확대되었다. 더욱이 스타트업 성장과 EXIT 성공 사례들이 다수 나오면서 투자시장도 모태펀드, 사모펀드, 엑셀러레이터, 엔젤 등 그 어느 때보다 규모가 커진 상황이다.

여기에 기술신용보증기금, 신용보증기금 등의 대표자 연대보증 폐지, 보증한도 증대, 투자 등으로 자금조달 루트 또한 다양해졌다.

이와 같은 풍성한 창업지원, 스타트업지원, 스타트업 생태계 활성화는 긍정적인 측면이 크다. 기존 취업과 자영업 창업이라는 전형적인 로드맵과는 다르게 다양한 사회진출, 직업 등의 채널이 생긴 점이다.

문제는 이와 같은 긍정적인 측면이 존재하는 반면 수많은 창업 및 스타트업 지원으로 어두운 측면도 증가했다는 것이다. 대표적인 것이 바로 창업 낭인, 지원사업만으로 기업을 유지하는 좀비기업들도 많아지고 있다는 것이다.

스타트업 창업 인사이트

창업이나 스타트업 지원사업 선정평가에 참여하다 보면 창의적인 아이디어와 우수한 기술, 진취적인 기업가 정신으로 도전하는 스타트업들도 많지만, 그만큼 충분한 조사와 분석을 통해 치밀하게 준비하지 않고 막연한 기대나 지원사업 선정 자체가 목적인 경우도 종종 있는 거 같다.

　더욱 문제인 경우는 창업자 자신도 창업에 도전하는 이유, 창업아이템과 비즈니스모델에 대한 확신, 구체적인 목표 자체가 미흡한 경우이다. 특히나 다양한 지원사업과 단계별 연속지원 가능 등으로 수년간 지원사업 만으로 사업을 영위하는 웃픈 상황도 보인다.

　물론 "구더기 무서워 장 못 담그랴?"와 같은 속담처럼 창업지원의 부작용에 집착해 창업지원을 줄이거나 없애자는 것은 더욱 문제일 것이다. 결국 좀비기업은 제대로 걸러내거나 이들이 도전적인 기업가 정신으로 재무장해 피봇팅을 통해 다시 뛰는 스타트업으로 변신할 수 있도록 유도하는 것이 필요 할 것이다.
　즉, 긍정적인 지원제도가 지속되고 더더욱 선순환 생태계가 조성될 수 있도록 하기 위해서는 건전한 기업가 정신을 바탕으로 치열하게 조사하고 고민하면서 지원사업을 활용할 수 있는 건전한 스타트업 문화와 생태계가 조성되도록 지혜를 짜내어야 할 것이다.

　국내 벤처스타트업 생태계는 '97년 벤처기업지원에 관한 특별법이 제정된 후 인터넷벤처 활성화와 버블 시기, 그리고 2000년대 암흑기, 2008년 이후 모바일 기반 벤처스타트업과 플랫폼의 성장기, 최근의 4차산업혁명 관련 테크기반 스타트업 등으로 현재에 이르고 있다.

모쪼록 현재의 스타트업 벤처 생태계가 버블이 아닌 지속가능한 생태계 조성을 위해서는 자체 자정작용 작동, 건전하고 도전적인 문화와 기업가 정신으로 무장한 스타트업들로 채워져 더더욱 성장 발전해 나가길 기대해본다.

🎯 스타트업 창업지원사업 모럴헤저드 유형과 문제

예비창업 단계의 경우 다양한 창업 도전과 아이디어, 그리고 비즈니스모델 등을 접하면서 때로는 그들의 기업가 정신과 용기에 감탄을 하고 때로는 제대로 된 시장조사나 사업모델에 대한 고민을 하고 도전하는 것인지 우려되는 무모한 도전들도 보인다.

그리고 스케일업 단계의 스타트업의 경우 짧은 시간 내에 가시적인 성과와 고성장을 이루어 낸 과정을 보면서 찬사를 보내는 경우도 다수 존재한다.

평가과정에서 정부 및 지자체, 공공기관의 다양한 창업지원, 사업화지원, R&D지원제도를 적극적이고 잘 이용하는 사례도 다수 접하고 부정한 의도로 접근하는 사례도 볼 수 있다.

이런 과정에서 정부 및 지자체 등의 적극적인 창업 및 스타트업 지원의 필요성과 당위성을 깨닫기도 하지만, 다른 한편으로는 창업과 사업화에 필요한 대부분의 자금을 정부 및 지자체의 지원만으로 해결하려는 경우, 미래 성장동력을 위한 기술개발이나 사업모델 고도화보다는 기업 운영에 필요한 기본적인 운영자금을 먼저 챙기겠다는 약삭빠름도

때로는 보게 된다.

어제 오늘 일이 아니지만, 지난 20년 이상 수많은 예비창업자, 스타트업, 벤처기업, 중소기업 관련 현장을 접하면서 느끼는 모럴헤저드 유형들을 정리해보는 것도 의미 있을 것으로 생각되어 간단하게나마 정리해본다.

1) 실질적인 창업의지가 없는 창업 도전

일부 스타트업 창업지원사업의 경우 창업의지가 없는 경우도 종종 보인다. 창업 성공보다는 취업을 위한 스펙 쌓기, 잘 되면 좋고 안되면 지원사업 종료 후 사업 중단을 미리 상정하고 접근하는 경우이다.

2) 기존 창업팀 멤버가 지원사업 도전

기존 창업지원 선정 경험이 있는 창업팀원이 실질적으로는 기존 팀 활동을 하면서 팀원들과 협의 후 새로운 사업계획으로 지원에 도전하는 경우이다.

3) 사업계획서 대필을 통한 지원사업 신청

창업지원사업은 기본적으로 자신의 아이디어를 사업계획으로 작성 제출하도록 하고 있다.

사업계획 수립 및 작성과정에 전문가나 멘토 등의 조언이나 멘토링 등을 통해 사업계획을 고도화하는 것은 문제가 없다. 문제의 소지가 발생하는 것은 창업자가 아닌, 대필자가 전적으로 작성을 대행하는 경우이다.

4) 가공직원을 내세우고 인건비를 빼돌리는 경우

창업지원사업은 임직원의 인건비를 지급할 수 있도록 하고 있지만, 대표의 인건비 지급을 불허하고 있다. 가공직원을 내세워 인건비를 빼돌리는 사례들도 존재할 가능성이 있다.

5) 용역업체와 결탁하여 용역비를 빼돌리는 경우

인건비와 마찬가지로 용역비의 경우 용역업체와 결탁하여 빼돌리는 경우도 있을 수 있다.

6) 기 지원아이템을 제목, 내용을 변경하여 신청하는 경우

기존 지원사업 선정의 혜택을 본 사업아이디어나 모델을 제목, 세부 내용 등을 일부 변경하여 신청하는 경우이다.

창업지원사업 관련 모럴헤저드 유형들을 간단하게 정리해보았다. 오랜기간 동안 스타트업·벤처 생태계 속에서 평가 자문, 멘토링, 컨설팅 등을 수행하면서 느끼는 것은 편법이나 불법 등의 모럴헤저드는 기업 성장과정의 리스크 요인이며 창업가의 미션과 건전한 기업문화를 저해하는 요인이다.

특히, 편법이나 불법적인 지원사업 수혜는 도덕적인 문제를 넘어 법적인 책임이 뒤따른다는 점도 명심해야 할 것이다. 창업지원사업의 목적은 지원사업 선정이 아니라 창업 성공이다.

모럴헤저드로 일시적인 이익을 누릴 수는 있을지 모르겠지만, 창업 성공요인 측면에서는 오히려 방해가 될 것이다. 건전한 기업가 정신으로 무장하고 정당한 방법과 접근전략으로 스타트업 성공신화에 도전하

스타트업 창업 인사이트

는 창업가들이 많아지길 기대해본다!

🚀 창업에 도전하면 안되는 창업자 유형

스타트업 창업은 하이 리스크, 하이 리턴의 특성을 갖고 있다. 즉, 창업 도전의 유인동기는 큰 성공가능성이지만 실패의 확률이 매우 높다는 것이다.

스타트업 창업은 많은 사람들에게 대단한 성취감과 자유로운 삶을 추구할 수 있는 가능성을 제공한다. 그러나 창업자들 중에는 스타트업 창업에 도전하기 전에 준비를 충분히 하지 않거나 잘못된 전략으로 창업에 도전하는 경우가 있다.

이러한 창업자들은 스타트업 창업이 성공할 가능성이 적으므로 절대 스타트업 창업에 도전해서는 안 되는 창업자 유형을 제시해 본다.

1) 경험 부족 창업자

스타트업 창업은 많은 경험이 필요한 일이다. 경험 부족은 단순히 해당 분야의 경력만이 아니라, 설사 해당분야 경험이 없다 하더라도 충분한 준비과정을 통해 경험을 쌓을 수도 있을 것이다. 여기서 경험부족은 해당 분야·기술 등에 대한 이해나 경험없이 제대로 된 준비 과정을 거치지 않고 도전하는 경우가 해당될 것이다.

2) 열정 없는 창업자

창업은 열정과 집중력이 필요하다. 창업에 대한 열정이 없는 창업자
는 제대로 된 학습과 현장 확인, 고객검증, 철저한 조사와 분석 등을
제대로 거치지 않고 무모하게 도전할 가능성이 높다. 따라서 열정이 없
으면 실패할 확률이 매우 높을 것이다.

3) 무계획, 즉흥적인 창업자

스타트업 창업은 체계적인 조사와 분석 등 신중하고 계획적인 결정이
필요하다. 무계획, 즉흥적인 의사결정을 내리는 창업자는 대단한 실패
를 맛보게 될 가능성이 높다.

4) 기존 사업모델을 그대로 적용하는 창업자

너무도 빠르게 변화하는 환경하에서 기존 사업모델을 그대로 적용하
는 창업자는 시장 변화 대응, 고객 요구사항 수렴 및 대응, 시장을 선
도하고 혁신하는 사업모델 개발 등의 변화에 대처하지 못할 수 있다.

5) 인적자원 관리를 못하는 창업자

인적자원은 창업자가 핵심적으로 관리해야 할 부분이다. 인적자원
관리는 팀 빌딩, 열정을 보유한 팀 활성화, 우수한 인재의 영입 등으로
이를 제대로 관리하지 못하는 창업자는 팀의 역량을 제대로 활용하지
못하고 적절한 인력을 확보할 수 없다.

6) 시장조사와 분석을 제대로 수행하지 않는 창업자

시장조사와 분석은 스타트업 창업의 핵심이다. 시장조사와 분석을

제대로 수행하지 않는 창업자는 시장과 고객에 대한 이해를 바탕으로 성공을 위한 적절한 전략을 수립 실행하기 어려울 것이다.

7) 명확한 목표와 비전이 없는 창업자

창업은 명확한 목표와 비전을 달성하기 위한 도전의 과정이다. 명확한 목표를 달성하기 위한 열정높은 창업자와 창업팀이 그 목표를 달성할 수 있는 것이다. 구체적이고 명확한 목표와 계획 없이 창업을 시작하는 창업자는 그 성과를 기대하기 어려울 것이다.

8) 자금조달 계획이 없는 창업자

스타트업 창업은 많은 자금을 필요로 한다. 각 단계별 명확하고 구체적인 소요자금 및 자금조달 계획이 없는 창업자는 창업 성공을 기대하기 어려울 것이다.

9) 고객 요구사항을 무시하는 창업자

고객 요구사항은 창업을 위한 아이템 및 비즈니스모델을 창출하는 핵심사항이다. 명확한 타겟고객, 타겟고객의 니즈와 가치있는 제품과 서비스 제공을 통해 고객의 선택을 받아야 성과를 창출할 수 있는 것이다. 고객 요구사항을 무시하는 창업자는 제품이나 서비스가 시장에서 성과를 창출하기 어려울 것이다.

10) 경쟁자가 없다는 창업자

스타트업 창업은 치열한 경쟁 상황 속에서 고객의 선택을 받아 성과를 창출한다. 고객은 자신의 문제를 해결하고 이 해결을 통해 가치를 제안하는 제품과 서비스를 선택하는 것이다. 그럼에도 불구하고 시장에 경쟁이 없는 제품과 서비스를 출시했으니 성공할 수밖에 없다는 자신만의 생각으로 창업에 도전하는 창업자들도 존재한다.

시장에서의 경쟁은 공급자 중심이 아닌 고객지향적인 관점에서 고객에게 동일 또는 유사한 가치를 제공하는 제품과 서비스는 모두가 경쟁으로 보아야 한다. 고객의 선택을 받기 위한 경쟁이 진정한 경쟁인 것이다.

결론적으로 스타트업 창업은 대단한 성취감과 성공의 기회를 제공한다. 그러나 스타트업 창업에 도전하기 위해서는 적극적이고 체계적인 준비와 전략이 필요하므로 스타트업 창업에 도전하려는 창업자들은 적극적이고 체계적인 준비와 전략을 수립하고 앞의 10가지 유형에 해당하지는 않는지 검토하는 것이 필요하다.

10

스타트업 자금조달(2)
크라우드펀딩

"For a successful crowdfunding campaign, attract customer interest with effective storytelling and compelling offers."

(크라우드펀딩 캠페인의 성공을 위해 효과적인 스토리텔링과 매력적인 제안으로 고객의 관심을 끌어라.)

-Clay Hebert, *Funding the Dream: A Guide to Crowdfunding Success*-

🎯 크라우드펀딩은?

▌1. 크라우드펀딩의 개념과 유형

Crowd(대중) + Funding(자금조달) = Crowd Funding

크라우드펀딩은 창의적 아이디어나 사업계획을 가진 기업이 다수의
투자자로부터 자금을 조달하는 것을 말한다.

【 크라우드펀딩 소개 】

■ 자료 : 한국예탁결제원

크라우드 펀딩에는 다음과 4가지 유형으로 나눌 수 있다.

1) 기부형

일반적으로 문화, 복지, 예술분야에서 많으며 금전적인 보상이나 댓가보다는 본인이 사회적가치를 부여하는 자선, 응원 등의 목적으로 이루어지는 크라우드펀딩이다.

2) 보상형

초기 스타트업에서 많이 볼 수 있는 유형으로 시제품을 출시할 수 있는 자금을 마련하기 위해 미리 주어진 보상조건에 동의하는 투자자에게 일정기간 이후 시제품을 생산하여 투자자에게 보상으로 제공하는 방식이다. 초기 개발 및 생산자금의 조달은 물론 시장검증과 홍보마케팅을 위한 수단, 초기 사용자의 확보를 통한 긍정적인 리뷰 등 홍보효과 등이 존재한다.

3) 증권형(투자형)

자금 수요기업에게 자금을 투자하는 대신 해당기업의 주식(증권)을 수취하는 유형이다. 투자자는 주주로서 배당금, 주식매각 등을 통하여 투자수익을 창출한다.

4) 대출형

특정 프로젝트 또는 사업에 자본을 대출하는 형태로 원금과 기간 종료 이후 이자를 수치하는 유형이다. 기존 은행 등 금융권으로부터 자금조달이 쉽지 않은 경우 발생하는 유형이다.

▌ 2. 크라우드펀딩 플랫폼 사례

국내외에는 다음과 같은 크라우드펀딩 플랫폼들이 있다.

1) 국내 크라우드펀딩 플랫폼

① 와디즈(Wadiz)

와디즈는 대한민국에서 가장 유명한 크라우드펀딩 플랫폼 중 하나로 다양한 프로젝트를 지원한다. 와디즈는 리워드형 크라우드펀딩과 투자형 크라우드펀딩을 모두 제공하며 창업자와 후원자 간의 커뮤니케이션을 적극적으로 지원하여 프로젝트 성공률을 높인다. 신제품 출시, 문화 콘텐츠 제작, 사회적 기업 지원 등 다양한 분야의 프로젝트가 와디즈를 통해 성공을 거두고 있다.

② 텀블벅(Tumblbug)

텀블벅은 예술, 문화, 창작 분야에 특화된 크라우드펀딩 플랫폼이다. 창작자들이 자신의 작품을 홍보하고 자금을 모을 수 있는 기회를 제공하며 주로 리워드형 크라우드펀딩을 지원한다. 독립영화 제작, 음악 앨범 발매, 미술 전시회 등 창작 프로젝트가 텀블벅을 통해 자금을 확보하고 세상에 나올 수 있었다.

③ 카카오 메이커스(Kakao Makers)

카카오 메이커스는 제조업과 관련된 프로젝트에 특화된 플랫폼이다. 소비자들의 수요를 미리 파악하고 이를 바탕으로 제품을 제작하는 방식을 취하며 카카오톡과 연계된 강력한 마케팅 도구를 제공한다. 가전 제품, 패션 아이템, 생활용품 등 다양한 상품 제작 프로젝트가 카카오 메이커스를 통해 성공적으로 진행되고 있다.

2) 해외 크라우드펀딩 플랫폼

① 킥스타터(Kickstarter)

킥스타터는 전 세계적으로 가장 유명한 크라우드펀딩 플랫폼 중 하나로 창의적인 프로젝트를 지원한다. 리워드형 크라우드펀딩을 제공하며 목표 금액을 달성해야만 후원금을 받을 수 있는 '올 오어 낫싱(All Or Nothing)' 방식을 채택하고 있다. 혁신적인 기술제품, 디자인 프로젝트, 예술작품 등 다양한 프로젝트가 킥스타터를 통해 성공을 거두고 있다.

② 인디고고(Indiegogo)

인디고고는 킥스타터와 유사하게 다양한 프로젝트를 지원하는 글로벌 크라우드펀딩 플랫폼이다. '플렉서블 펀딩'과 '픽스드 펀딩' 두 가지 방식을 제공하여 목표 금액을 달성하지 못해도 자금을 받을 수 있는 유연성을 제공한다. 스타트업 제품 출시, 창의적 예술 프로젝트, 사회적 캠페인 등 다양한 프로젝트가 인디고고를 통해 자금을 모으고 있다.

③ 고펀드미(GoFundMe)

고펀드미는 개인적인 필요나 비영리 단체의 모금 활동에 특화된 플랫폼이다. 주로 의료비 지원, 재난 구호, 교육비 모금 등 사회적, 개인적 목적의 프로젝트가 많다. 유연한 펀딩방식을 채택하여 목표금액에 상관없이 자금을 받을 수 있다. 의료비 지원, 교육비 모금, 재난 구호 활동 등 다양한 프로젝트가 고펀드미를 통해 자금을 확보하고 있다.

④ 씨드인베스트(SeedInvest)

씨드인베스트는 스타트업 투자에 특화된 투자형 크라우드펀딩 플랫폼이다. 개인 투자자들이 초기 단계 스타트업에 투자할 수 있는 기회를 제공하며 엄격한 심사 과정을 거쳐 신뢰할 수 있는 스타트업을 선별한다. 기술 스타트업, 헬스케어 스타트업 등 다양한 분야의 초기 투자 프로젝트가 씨드인베스트를 통해 자금을 확보하고 성장하고 있다.

⑤ 패트리온(Patreon)

패트리온은 크리에이터와 아티스트를 지원하기 위한 플랫폼으로 팬들이 정기적으로 후원할 수 있는 시스템을 제공한다. 후원자들에게 독점 콘텐츠, 조기 접근 등의 리워드를 제공하며 크리에이터들이 안정적인 수입을 확보할 수 있도록 돕는다. 유튜버, 팟캐스터, 일러스트레이터, 작가 등 다양한 크리에이터가 패트리온을 통해 지속 가능한 창작 활동을 이어가고 있다.

크라우드펀딩은 스타트업이 자금을 조달하기 위한 대표적인 방법 중 하나이다. 그러나 출자자들의 관심을 유도하기 위해서는 스타트업이 높은 수준의 신뢰도를 갖추고 충분한 정보를 제공해야 한다. 이러한 노력과 출자자와의 소통을 통해 스타트업은 크라우드펀딩을 통해 자금을 조달하고 성장과 발전을 이룰 수 있다.

🎯 크라우드펀딩시 고려사항 및 성과창출 전략

크라우드펀딩은 스타트업이 자금을 조달하는 방법 중 하나이지만, 출자자들의 관심을 끌기 위해서는 충분한 준비가 필요하다. 아래는 스타트업이 크라우드펀딩을 준비할 때 고려해야 할 사항과 성공적인 크라우드펀딩 성과 창출을 위한 전략이다.

1) 충분한 정보 제공

스타트업이 출시할 제품 또는 서비스의 컨셉과 가치를 충분히 설명할 수 있어야 한다. 출자자들은 제품의 가치를 이해하고 스타트업이 제품을 출시하기 위해 필요한 자금이 충분하다는 것을 확인할 수 있어야 한다.

2) 출시 계획 및 목표

출시 계획과 목표는 충분히 구체적이고 현실적이어야 한다. 출시 계획과 목표를 세우는 것은 출자자들이 스타트업의 계획에 대해 이해하고 자금이 투자될 가치가 있는지 판단하는 데 큰 도움이 된다.

3) 출자자와의 소통

크라우드펀딩은 출자자와의 소통이 중요하다. 출자자와 소통할 수 있는 수단을 마련하고 출자자들의 의견을 수렴하고 반영하는 것은 스타트업의 신뢰도를 높이는 데 중요한 역할을 한다.

4) 전략적인 타겟마케팅

크라우드펀딩은 출자자들의 관심과 참여가 필요하기 때문에 출시 전에 충분하고 전략적인 마케팅이 필요하다. 명확한 타겟팅과 전략적인 채널 및 실행계획하에 SNS, 블로그, 유튜브 등 다양한 채널을 활용하여 홍보할 수 있다.

5) 보상 제공

보상 제공은 출자자들의 참여를 높이는 데 중요한 역할을 한다. 출자자들에게 제공할 수 있는 보상에 대해 충분히 고민하고 출시할 제품 또는 서비스와 관련된 보상을 제공하는 것이 좋다.

6) 출자자 보호

출자자 보호는 크라우드펀딩에서 가장 중요한 문제 중 하나이다. 스타트업은 출자자의 개인정보를 보호하는 방법과, 스타트업이 실패할 경우 출자자들의 이익을 보호할 방법을 마련해야 한다.

7) 법적 문제

크라우드펀딩을 할 때는 법적 문제가 발생할 수 있다. 스타트업은 법적인 문제에 대비하고 출시 전에 법적인 상담을 받는 것이 좋다.

8) 대외적인 평판

크라우드펀딩은 스타트업에게 대외적인 평판을 형성할 수 있는 기회이다. 스타트업은 출시 전에 충분한 예비 연구를 하고 출시 후에는 출자자들의 의견을 수렴하여 제품이나 서비스의 품질을 개선하는 등 스타트업의 이미지를 형성할 수 있는 노력이 필요하다.

9) 적절한 시기

크라우드펀딩은 자금을 조달하기 위한 방법 중 하나이지만, 적절한 시기에 시작해야 한다. 출시 전에 충분한 마케팅을 하고 출시 계획이 구체적으로 정해진 후에 크라우드펀딩을 시작하는 것이 좋다.

크라우드펀딩을 통해 자금을 조달하는 것은 스타트업에게 매우 유용한 방법 중 하나이다. 그러나 출시 전 준비와 출시 후 노력이 필요하며 충분한 정보제공, 출시목표의 구체성, 출자자와의 소통, 마케팅, 보상 제공 등의 핵심 전략을 적용하는 것이 성공적인 크라우드펀딩의 핵심이다.

크라우드펀딩의 마케팅 활용

국내 크라우드펀딩 플랫폼을 통한 신제품 마케팅은 스타트업에게 매우 유익한 방법 중 하나이다. 이를 통해 스타트업은 제품을 출시하기 전에 소비자의 반응을 미리 파악하고 제품 개발 비용을 충당하며 브랜드 인지도를 높일 수 있다.

성공적인 크라우드펀딩과 마케팅 활용을 위해서는 몇 가지 고려해야 할 사항이 있다.

1) 목표금액 설정

크라우드펀딩을 시작하기 전에 목표금액을 설정해야 한다. 목표금액은 제품 개발 및 생산에 필요한 예상비용을 고려하여 적절히 설정해야 하는 것이다. 목표금액이 너무 높으면 후원자들의 관심을 끌지 못하고 너무 낮으면 제품을 출시하기 어려울 수 있다.

2) 마케팅 전략 수립

크라우드펀딩을 시작하기 전에 미리 마케팅 전략을 수립해야 한다. 이를 통해 타겟고객을 파악하고 어떤 메시지로 제품을 홍보할 것인지 결정할 수 있다.

3) 매력적이고 차별적인 제품 설명 및 이미지

제품을 출시하기 전에 반드시 제품 설명과 이미지를 준비해야 하는데, 타겟고객을 고려한 차별적이고 매력적인 제품이미지를 통해 어필해야 한다. 후원자들은 제품에 대한 자세한 정보를 알고 싶어하기 때문에 제품 설명서와 이미지는 매우 중요하다.

4) 후원자 보상 기획

후원자들에게 제공할 보상을 미리 기획해야 한다. 보상은 후원자들이 제품에 대한 관심을 갖도록 유인할 수 있는 중요한 요소이다. 스타트업은 후원자들에게 제품을 미리 제공하는 것 외에도, 제품 할인쿠폰, 제품 사용설명서, 로고 스티커 등의 간단한 보상을 제공할 수 있다.

5) 홍보

크라우드펀딩을 시작하기 전에 적극적으로 홍보를 해야 한다. 이를 통해 많은 사람들에게 제품을 알릴 수 있다. SNS, 블로그, 인플루언서 마케팅 등 다양한 방법으로 스타트업이 크라우드펀딩을 홍보할 때는 제품의 장점과 특징을 강조하는 것이 좋다.

또한, 제품이 어떤 문제를 해결해 주는지, 사용자들에게 어떤 가치를 제공하는지를 강조하는 것이 좋다. 이를 통해 후원자들이 제품에 대한 관심을 갖고 후원을 결심할 가능성이 높아질 것이다.

6) 커뮤니케이션

크라우드펀딩을 진행하는 동안 후원자들과의 원활한 커뮤니케이션을 유지하는 것이 중요하다. 후원자들은 제품에 대한 궁금한 점이나 문의사항이 있을 수 있으므로 적극적으로 응대해야 한다.

7) 성공 후 계획

크라우드펀딩이 성공하면 제품 출시 후의 계획을 미리 세우는 것이 좋다. 이를 통해 출시 후의 마케팅 및 판매 전략을 준비할 수 있다.

크라우드펀딩을 통한 신제품 마케팅의 전략적인 활용방법은 다양하다. 예를 들어, 제품 출시 전에 크라우드펀딩을 진행하여 소비자 반응을 미리 파악한 후, 제품을 출시하는 것도 가능하고 크라우드펀딩을 통해 브랜드 인지도를 높인 후, 이를 기반으로 다양한 판매 채널을 확보하는 것도 전략적인 방법일 것이다.

크라우드펀딩은 높은 성공률을 보이기 위해서는 충분한 준비와 계획이 필요하다. 스타트업은 크라우드펀딩을 통해 많은 이점을 얻을 수 있지만, 이를 위해서는 세심한 준비와 전략적인 마케팅이 필요한 것이다.

크라우드펀딩을 통해 스타트업이나 기업이 성공적으로 자금을 모으기 위해서는 충분한 홍보마케팅이 필요한 바 그 채널 및 활용방법은 다음과 같은 활동이 가능할 것이다.

1) 소셜미디어를 활용한 마케팅

크라우드펀딩을 성공적으로 수행하기 위해서는 충분한 홍보가 필요하다. 소셜미디어를 이용한 홍보 방법은 크라우드펀딩에 적합한 마케팅 방법 중 하나이다. SNS와 같은 소셜미디어 채널을 통해 제품이나 서비스를 소개하고 출자자들과 소통하며 충분한 정보를 제공하는 것이 좋다.

2) 이메일마케팅

이메일마케팅은 크라우드펀딩을 통해 자금을 모으기 위한 방법 중 하나이다. 출자자들에게 매주 뉴스레터를 발송하거나 진행 상황을 공유하는 등 출자자들과의 소통 수단으로 활용할 수 있다.

3) 쇼케이스 이벤트

크라우드펀딩은 스타트업이나 기업의 제품이나 서비스를 출시하기 전에 자금을 모으기 위한 방법이다. 이에 따라 쇼케이스 이벤트를 통해 제품이나 서비스를 소개하고 출자자들과 소통하는 것이 좋다. 이벤트를 통해 출자자들이 직접 제품이나 서비스를 체험하고 출자의 의사를 강화시킬 수 있다.

4) 인플루언서 마케팅

크라우드펀딩을 통한 마케팅 전략 중 하나는 인플루언서 마케팅이다. 인플루언서를 활용해 제품이나 서비스를 홍보하고 인플루언서의 팔로워들의 관심을 끌어내는 것이 좋다.

5) 제품 또는 서비스를 체험할 수 있는 기회 제공

출시 전 제품이나 서비스를 출자자들이 체험해볼 수 있는 기회를 제공하는 것도 좋은 마케팅 전략 중 하나이다. 출자자들이 직접 제품이나 서비스를 체험하면서 스타트업의 신뢰도를 높이고 출자자들의 이해도를 높일 수 있다.

6) 출자자 보상

크라우드펀딩에서는 출자자들이 자금을 제공하면 그에 대한 보상이 필요하다. 출자자들에게 특별한 혜택을 제공하거나 제품이나 서비스를 할인가로 제공하는 등의 보상을 제공하는 것이 좋다. 출자자들의 참여를 유도할 수 있으며 출자자들이 스타트업을 더욱 지지할 수 있다.

크라우드펀딩을 통해 자금을 조달하기 위해서는 충분한 마케팅이 필요하다. 소셜미디어, 메일마케팅, 쇼케이스 이벤트, 인플루언서 마케팅, 제품 또는 서비스를 체험할 수 있는 기회 제공, 출자자 보상 등의 방법을 통해 출자자들과의 소통을 유지하고 출자자들의 참여를 유도하는 것이 중요한 것이다.

11

스타트업 자금조달(3)
투자유치

"To attract investment, clearly communicate the value of your company and strive to achieve successful growth through partnerships with investors."

(투자유치를 위해 회사의 가치를 명확하게 전달하고 투자자와의 파트너십을 통해 성공적인 성장을 이루도록 노력하라!)

-David Rose, Angel Investing: The Gust Guide to Making Money and Having Fun Investing in Startups-

스타트업의 생태계와 성장단계별 자금조달

▌1. 스타트업 생태계

스타트업 생태계는 스타트업이 창업에서 성장까지의 전과정의 핵심적인 생태계와 성장과정에 필요한 자금과 지원 등 자원을 조달할 수 있는 생태계를 포괄할 수 있다. 이 생태계는 스타트업, 투자자, 투자회수 시장, 기업 인큐베이터, 대학, 정부, 멘토/컨설턴트, 엑셀러레이터, 엔젤 등 다양한 주체들의 역할과 연계를 통해 구성된다.

【 스타트업 핵심 생태계 】

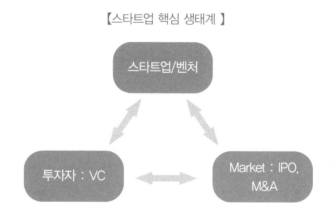

1) 스타트업

스타트업은 기존 시장에서는 찾아볼 수 없는 새로운 아이디어와 비즈니스모델을 통해 성장을 추구한다. 스타트업이 적극적으로 혁신과 도전을 시도함으로써 새로운 시장이 형성될 수 있으며 이를 통해 새로운 경제 생태계가 형성하는 것이다.

2) 투자자

투자자는 스타트업이 필요로 하는 자금을 제공하여 성장과 확장을 돕는 주체이다. 투자자는 자신의 자금을 스타트업에 투자함으로써 미래 성장 가능성을 보고 높은 수익을 기대한다. 투자자는 스타트업의 성장과 함께 자신의 투자금을 회수할 수 있는 높은 수익을 기대하는 것이다.

3) Market : IPO, M&A

투자회수시장은 투자자들이 스타트업과 벤처기업에 투자와 스케일업을 통해 투자자본을 회수할 수 있는 시장으로 IPO와 M&A시장이 있다. 스타트업 생태계가 활성화되기 위해서는 우수한 스타트업이 성장과정에서 자본을 조달하고 스케일업을 통해 투자자들이 투자자본을 성공적으로 회수하는 선순환 생태계가 조성되어야 한다.

4) 기업 인큐베이터

기업 인큐베이터는 스타트업을 발굴하고 지원하는 조직이다. 스타트업이 초기에는 자금과 인프라, 기술 지원, 법률 지원, 마케팅 등의 다양한 분야에서 지원이 필요한데, 이때 기업 인큐베이터가 그 지원을 제공한다. 이를 통해 스타트업은 안정적으로 성장할 수 있다.

5) 엑셀러레이터

엑셀러레이터는 스타트업을 발굴하고 초기 자금 지원을 통해 성장을 지원하는 전문가 조직이다. 스타트업이 초기에는 자금과 인프라, 기술 지원, 법률 지원, 마케팅 등의 다양한 분야에서 지원이 필요한데, 이때 엑셀러레이터가 그 지원을 제공한다.

6) 대학/창업보육센터

대학은 교육 및 연구를 통해 창업 인재를 양성하고 이들을 위해 인프라와 지원체계를 제공한다. 대학은 스타트업을 창업하고자 하는 학생들에게 창업 관련 교육, 멘토링, 기술 지원, 비즈니스모델 개발 등을 지원하여 스타트업 창업 생태계를 지원한다.

7) 정부/지자체/창업지원기관

정부/지자체/창업지원기관은 스타트업 창업 및 성장을 위해 정책과 자금, 컨설팅, 입주공간 등을 지원한다. 스타트업에 대한 장기적인 지원을 위해 대기업, 대형 벤처캐피탈, 인큐베이터 등과의 협력을 통해 스타트업 생태계를 확장하는 노력을 하고 있다. 이를 통해 스타트업 창업과 성장을 지원하며 새로운 비즈니스 생태계를 형성하고 미래 경제 성장에 대한 기반을 마련하고 있는 것이다.

8) 금융/보증기관 등

기술보증기금, 신용보증기금, 은행 등은 스타트업의 초기자금 대출/보증, 창업보육은 물론 최근에는 적극적인 투자에도 나서고 있다.

9) 멘토/컨설턴트/강사

스타트업 영역에는 수많은 전문가들이 멘토, 컨설턴트, 강사로 스타트업의 역량강화, 투자자금 조달 등 창업을 지원하고 있다.

위와 같은 주체들의 협력과 지원을 통해 스타트업은 자금을 조달하고 안정적인 성장을 이룰 수 있으며 이를 통해 새로운 비즈니스 생태계를 형성할 수 있다.

▌ 2. 스타트업 단계별 투자유치

스타트업은 창업 초기에는 자금조달에 어려움을 겪는 경우가 많다. 따라서 스타트업의 성장을 위해서는 적절한 투자유치가 필요하다.

【스타트업 투자유치 단계】

스타트업의 투자유치 단계와 각 단계별 특징, 조달 가능한 자금조달원은 다음과 같다.

1) 시드 투자(Seed Investment)

시드 투자는 창업 초기 단계에서 필요한 자금을 조달하는 단계로 기

스타트업 창업 인사이트

본적으로 스타트업의 사업기획서나 프로토타입을 바탕으로 이루어지며 대부분의 경우 개인투자자와 소규모 벤처캐피탈 등이 참여한다. 시드 투자를 받기 위해서는 강력한 비전과 전략, 뛰어난 실행력, 유망한 시장 잠재력 등이 필요하다.

2) 시리즈 A 투자(Series A Investment)

시리즈 A 투자는 시드 투자 이후, 스타트업이 초기 단계에서 성과를 내고 성장할 가능성을 보이는 경우 이루어지는 투자이다. 이 단계에서는 스타트업의 사업모델이 검증되었으며 제품이 출시되고 시장에서 인정받았다는 것이 필요하다. 이 단계에서의 투자규모는 시드 투자보다 크며 보통은 벤처캐피탈, 기업 인큐베이터 등이 투자를 한다.

3) 시리즈 B 투자(Series B Investment)

시리즈 B 투자는 시리즈A 이후, 스타트업이 꾸준한 성장세를 보이고 있는 단계에서 이루어지는 투자이다. 이 단계에서는 스타트업이 시장에서 선두 주자가 되고 향후 전략의 구체화가 필요하다. 이 투자에서는 대형 벤처캐피탈, 헤지펀드, 금융권 등 대규모 기관들이 참여한다.

4) 시리즈 C 이상(Series C and beyond)

시리즈 C 이상 단계는 이미 수많은 투자유치 경험을 쌓은 스타트업이 보다 확장적인 목표를 달성하기 위해 추가적인 자금조달이 필요한 경우이다. 이 단계에서는 대규모 투자가 이루어지며 종종 IPO시장에 진출하는 것을 목표로 한다. 이 단계에서는 헤지펀드, 대형 투자은행, 증권사 등이 투자를 진행한다.

🖋 스타트업의 투자유치 의미와 이점

스타트업 등 기술기업에게 투자유치는 큰 의미를 가지고 있다.

투자유치를 통해 스타트업 기술기업은 다음과 같은 이점을 얻을 수 있다.

1) 초기 자금조달

스타트업 등 기술기업은 사업 초기에 대규모의 자금이 필요하다. 초기 자금을 조달하기 위해서는 창업자의 개인 자금뿐만 아니라, 벤처캐피탈 등 외부 투자자의 자금을 유치해야 한다. 이를 위해 투자유치는 매우 중요한 수단이다.

2) 사업확장

성공적인 스타트업 등 기술기업은 빠른 시일 내에 사업을 확장해야 한다. 이를 위해서는 더 많은 자금이 필요하며 이를 위해 투자유치를 통해 사업확장에 필요한 자금을 확보할 수 있다.

3) R&D 투자

스타트업 등 기술기업은 기술개발에 많은 자금을 투자해야 한다. 이를 위해 투자유치를 진행하여 R&D 분야에서의 경쟁력을 확보해야 한다.

4) 인재 확보

인재는 스타트업 등 기술기업이 성장하는 데 매우 중요하다. 이를 위해 경쟁력 있는 급여와 복지, 교육 등의 인센티브를 제공할 수 있도록 자금을 유치해야 한다. 투자유치를 통해 인재 확보를 지속적으로 이룰 수 있다.

5) 마케팅 활동

스타트업 등 기술기업은 새로운 제품이나 서비스를 홍보하고 시장을 확보하기 위해 많은 마케팅 비용이 필요하다. 이를 위해 투자를 유치하여 적극적인 마케팅 활동을 전개한다.

6) 미래 성장 기반 구축

스타트업 등 기술기업이 투자유치를 통해 얻은 자금은 현재 사업에만 쓰이지 않는다. 이를 통해 기술 연구 개발에 필요한 자금을 확보하고 새로운 제품과 서비스를 개발하여 미래 성장 기반을 구축할 수 있다.

또한, 투자유치를 통해 스타트업 등 기술기업은 투자자와 함께하는 파트너십을 형성할 수 있다. 이를 통해 투자자의 지식과 경험을 활용하여 스타트업 등 기술기업의 성장을 더욱 빠르게 이룰 수 있다.

그러나 투자유치는 투자자와의 협상 과정에서 상당한 시간과 노력이 필요하다. 또한, 투자자와의 소통과 협업이 중요하기 때문에 투자자와의 관계를 유지하며 지속적인 소통을 이루어 나가야 한다. 따라서 스타트업 등 기술기업에게 투자유치는 매우 중요한 의미를 가지고 있으며 이를 통해 성장과 발전을 이루어 나가야 하는 것이다.

🎯 스타트업의 투자유치 전 확인사항

스타트업 투자유치를 전개하기 전에 반드시 확인해야 하는 주요 사항은 다음과 같다.

1) 비즈니스모델의 타당성

스타트업의 비즈니스모델이 타당하고 구체적인 수익모델이 있는지 확인해야 한다. 이를 위해 시장조사, 시장규모, 경쟁 구도 등을 분석하여 구체적인 비즈니스모델을 구성하고 이를 바탕으로 수익모델을 정의해야 한다.

2) 창업자와 경영진의 역량

창업자와 경영진의 경영 능력, 기술적 역량, 산업 지식 등을 평가해야 한다. 이를 위해 이전 경력, 학력, 기술 스택, 인재 확보 전략 등을 검토하여 창업자와 경영진의 역량을 확인해야 한다.

3) 시장 성장 가능성

스타트업이 선택한 시장이 성장 가능성이 있는지 확인해야 한다. 이를 위해 시장 성장률, 시장 경쟁력, 향후 시장 전망 등을 분석해야 하며 이를 바탕으로 스타트업의 성장 가능성을 평가할 수 있다.

4) 산업 트렌드와 기술 동향

스타트업이 선택한 산업 트렌드와 기술 동향이 어떻게 변화하고 있는지 확인해야 한다. 이를 위해 산업 전문가와의 인터뷰, 시장 리포트, 기술 동향 등을 수집하여 분석해야 한다.

5) 재무 상태

스타트업의 재무상태, 수익성, 성장 가능성 등을 분석해야 한다. 이를 위해 매출액, 이익, 총자산, 부채, 유동성, 현금흐름 등을 검토하여 스타트업의 재무상태를 파악할 수 있다.

6) 리스크 분석

스타트업이 직면할 수 있는 리스크 요인을 파악하고 이에 대한 대처 방안을 수립해야 한다. 이를 위해 산업 리스크, 경쟁 리스크, 재무 리스크 등을 고려하여 리스크 분석을 실시해야 한다.

이러한 사항들을 확인하고 분석한 후에는 이에 대한 대처 방안을 세우고 투자자와의 소통 및 협상을 위한 IR 사업계획서를 작성해야 한다. 이를 통해 스타트업이 미래에 대한 비전과 성장 전략을 제시하고 투자자들의 관심을 끌어낼 수 있다. 또한, 투자자와의 협상 과정에서는 자신의 창업 비전과 미래 계획을 효과적으로 전달하고 투자금의 조건과 이익률 등을 협상하여 최선의 조건으로 투자를 유치할 수 있도록 노력해야 한다.

또한, 스타트업 투자유치 실행 전에는 투자를 유치하기 위한 다양한 방법들을 검토해야 한다. 대표적인 투자유치 방법으로는 VC(벤처캐피탈), 엔젤투자, 크라우드펀딩 등이 있다. 이들 투자 방식의 장단점을 비교하고 자신의 비즈니스모델과 현실적인 필요에 맞게 적합한 방법을 선택해야 한다.

스타트업이 투자금을 유치한 후에도, 이를 합리적으로 사용하고 투자자와의 소통을 철저하게 유지하여 투자자들의 신뢰를 유지하는 것이 중요하다. 이를 위해 스타트업은 합리적인 성장 전략과 목표를 수립하고 투자금을 효과적으로 운용하여 신뢰성을 높이며 계속해서 성장할 수 있도록 노력해야 한다.

🎯 VC가 투자하는 스타트업의 주요 특성

VC(벤처캐피탈) 등의 투자자가 투자하는 스타트업은 다음과 같은 특성을 갖고 있다.

1) 창업자의 열정과 비전

스타트업의 창업자는 비전과 열정을 보유하고 있어야 한다. 이를 통해 VC 등 투자자는 창업자의 리더십과 비전에 대한 신뢰를 갖게 되는 것이다.

2) 성장 가능성

VC 등 투자자는 대부분 자금을 투자하여 수익을 창출하는 것이 목적이다. 이를 위해서는 스타트업이 높은 성장 가능성을 보이는 분야에 속해야 한다. 따라서 VC 등 투자자가 투자하는 스타트업은 새로운 시장을 창출하거나 기존 시장에서의 선도적인 입지를 보이는 분야에 속하는 경우가 많다.

3) 기술력과 혁신성

 VC 등 투자자가 투자하는 스타트업은 혁신적인 기술 또는 비즈니스 도델을 보유하고 있어야 한다. 이를 통해 새로운 시장을 개척하거나 기존 시장에서의 경쟁력을 갖출 수 있다. 또한, 기술력을 지속적으로 강화하고 새로운 기술개발에 적극적으로 참여할 수 있는 능력을 보여야 한다.

4) 팀과 인재의 역량

 스타트업은 대개 초기 단계이므로 팀의 역량이 매우 중요하다. 따라서 VC 등 투자자가 투자하는 스타트업은 우수한 창업팀과 인재를 보유하고 있어야 한다.

5) 사업모델의 타당성

 VC 등 투자자는 투자 대상 스타트업의 사업모델이 타당한지 검증한다. 따라서 스타트업이 제시하는 사업모델이 수익성이 높고 장기적인 성장 가능성을 갖고 있는지를 분석한다.

6) 경쟁력과 시장 진입 장벽

 VC가 투자할 스타트업은 시장에서 경쟁력을 갖추고 있어야 한다. 이를 위해 기존의 경쟁자보다 높은 퀄리티의 제품 또는 서비스를 제공하거나 차별화된 비즈니스모델을 보유해야 한다.

 아울러 기술의 혁신성과 경쟁력을 지속적으로 유지할 수 있는 산업재산권 등의 진입장벽을 보유하고 있는지가 중요하다.

7) 투자자와의 파트너십

VC가 투자할 스타트업은 투자자와의 파트너십을 이룰 수 있어야 한다. 이를 위해 스타트업이 투자자와 적극적으로 소통하고 신뢰관계를 구축할 수 있는 능력을 보여야 한다. 또한, VC가 스타트업에 대한 조언을 제공할 때 이를 수용하고 실행할 수 있는 태도와 능력을 갖추어야 한다.

8) 재무상태

VC가 투자할 스타트업은 건강한 재무상태를 보여야 한다. 이를 위해 스타트업의 기존 자금 사용 및 경영 상황 등을 분석하고 적정한 투자금액을 제시할 필요가 있다.

9) 지분구조와 EXIT 가능성

VC가 투자할 스타트업은 건강한 지분구조를 보여야 한다. 초기 창업자의 안정적인 지분구조와 향후 지속적인 투자라운드를 통해 경영진이 경영을 주도할 수 있는 구조를 보유하고 있어야 한다.

또한 투자의 가장 중요한 이유는 투자 스타트업의 성장을 통한 EXIT이 목적이므로 IPO나 M&A 등을 통하여 투자자금을 회수할 수 있어야 한다.

10) 기타 요인

VC가 투자할 스타트업은 위의 사항 외에도 다양한 요인을 고려한다. 이는 예를 들어, 사회적 가치를 지니는 기업이거나 선진화된 기술을 보유한 기업, 미래 시장의 선도적인 입지를 보이는 기업 등이 있다.

이처럼, VC가 투자할 스타트업을 고를 때에는 다양한 요소를 고려한다. 하지만, 중요한 요소는 기술력, 창업팀과 인재, 시장규모와 성장 가능성, 사업모델의 타당성, 경쟁력 등이다. 이러한 요소들을 고려하여 VC가 투자할 스타트업을 선정하게 된다.

따라서 VC 등 투자자가 투자하는 스타트업은 높은 성장 가능성을 보이는 분야에 속하고 혁신적인 기술을 보유하며 우수한 창업팀과 인재를 보유하고 있으며 타당한 사업모델을 제시하고 초기 단계에서의 투자가 필요하며 창업자의 열정과 비전을 보유하고 있는 특징을 갖는다.

또한, VC 등 투자자는 투자 대상 스타트업의 경쟁력을 분석하고 이를 통해 투자의 수익률을 증대시키려고 한다. 이를 위해 VC 등 투자자는 대상 스타트업의 시장 경쟁력, 수익성, 재무상태, 지분구조, 비즈니스모델 등을 면밀히 분석한다.

VC 등 투자자는 투자 대상 스타트업의 인식과 평판을 고려한다. 따라서 스타트업이 적극적으로 소통하고 인식과 평판을 높이는 노력이 필요하다. 또한, VC 등 투자자와의 관계를 유지하며 지속적인 소통을 이루어 나가야 한다.

따라서 VC 등 투자자가 투자하는 스타트업은 높은 성장 가능성과 혁신적인 기술, 우수한 창업팀과 인재, 타당한 사업모델, 창업자의 열정과 비전 등을 갖춘 기업이다. 스타트업이 이러한 조건을 갖춘다면 VC 등 투자자로부터 자금을 유치하여 더욱 성장할 수 있을 것이다.

12

스타트업 마케팅

Deliver tailored messages to your target customers and provide products and services that meet their needs and expectations.

(타겟 고객에게 맞춤화된 메시지를 전달하고 고객의 요구와 기대를 충족하는 제품과 서비스를 제공하라!)

-Seth Godin, *Purple Cow: Transform Your Business by Being Remarkable*-

🎯 스타트업 마케팅 기본 마인드와 전략

스타트업의 성공적인 창업에서 마케팅은 매우 중요한 역할을 한다. 시장 진입을 위해서는 스타트업이 자신들의 제품·서비스를 누구에게 어떻게 판매할 것인지를 정확히 이해하고 이를 효과적으로 전달할 수 있는 마케팅 전략이 필요하다.

1. 스타트업 마케팅 기본 마인드 셋

스타트업의 성공적인 시장 진입 및 마케팅 수행을 위해서는 마케팅에 대한 기본 마인드가 중요한데, 그 내용은 다음과 같다.

1) 시장 지향적 사고

스타트업은 고객과 시장을 중심으로 사고해야 한다. 제품·서비스를 개발하기 전에 시장조사를 통해 시장의 니즈를 파악해야 한다.

이를 기반으로 제품·서비스를 개발하고 고객의 문제 해결과 가치를 제공하는 상품과 서비스를 제공해야 한다.

2) 실험주의(Experimentalism)

스타트업에서 마케팅은 실험과 그 갭을 거쳐 발전해야 한다. 제품·서비스를 출시하기 전에는 소규모의 실험을 통해 시장 반응을 예측하고 그에 따라 제품·서비스를 수정해나가야 한다.

3) 데이터 기반(Data-Driven) 사고

스타트업에서는 데이터를 기반으로 의사결정을 내리는 것이 중요하다. 마케팅 전략도 예외가 아니다. 데이터를 수집하고 분석하여 효과적인 마케팅 전략을 개발해나가야 한다.

4) 비용 효율성(Cost-Effective)

스타트업에서는 비용 효율적인 마케팅이 중요하다. 예산이 한정되어 있기 때문에 비용 대비 효과가 좋은 마케팅 전략을 개발해야 한다. 이러한 기본 마인드를 바탕으로 시장지향적인 마케팅 전략을 개발할 수 있다.

2. 시장지향적인 마케팅의 절차

시장지향적인 마케팅 전략은 다음과 같은 절차로 구성된다.

1) 시장조사

스타트업은 제품·서비스를 출시하기 전, 시장조사를 통해 시장의 필요와 욕구를 파악해야 한다. 시장의 규모, 경쟁사, 고객의 Bedrock 등을 파악하여 자신들의 제품·서비스가 적합한 시장인지 판단해야 한다.

2) 타겟 마케팅

시장조사를 바탕으로 스타트업은 자신들의 제품·서비스를 필요로 하는 타겟 고객층을 선정한다. 이를 통해 제품·서비스를 효과적으로 마케팅할 수 있으며 타겟 고객층의 Bedrock을 파악하고 이를 바탕으로 마케팅 전략을 개발한다.

3) 브랜딩

스타트업은 브랜드를 만들어야 한다. 브랜드는 제품·서비스에 대한 고객의 인식을 바탕으로 구축되므로 스타트업은 브랜딩을 통해 자신들의 제품·서비스를 고객에게 인식시켜야 한다. 이를 위해서는 브랜딩 전략을 구체화하고 이를 효과적으로 전달할 수 있는 마케팅 채널을 선택해야 한다.

4) 디지털 마케팅

스타트업은 디지털 마케팅을 활용하여 제품·서비스를 홍보할 수 있다. 디지털 마케팅 채널은 다양하므로 검색 엔진 마케팅, 소셜 미디어 마케팅, 이메일 마케팅, 콘텐츠 마케팅 등이 있다. 이를 활용하여 스타트업은 자신들의 제품·서비스를 빠르게 홍보할 수 있다.

5) 콘텐츠 마케팅

콘텐츠 마케팅은 제품·서비스와 관련된 유용한 정보를 제공하여 고객의 관심을 끌어들이는 마케팅 방법이다. 스타트업은 콘텐츠 마케팅을 활용하여 자신들의 제품·서비스를 홍보할 수 있다.

6) 오프라인 마케팅

디지털 마케팅이 중요하지만, 오프라인 마케팅도 중요하다. 스타트업은 이벤트, 전시회, 팝업 스토어 등을 활용하여 자신들의 제품·서비스를 홍보할 수 있다.

위와 같은 시장지향적인 마케팅 전략을 개발하고 실행함으로써 스타트업은 시장 진입을 성공적으로 이룰 수 있다.

▌ 3. 스타트업의 효과적인 마케팅 전략 개발 팁

스타트업은 초기 단계에서는 제한된 예산과 리소스를 가지고 있기 때문에 효과적인 마케팅 전략을 개발해야 한다.

이를 위해 다음과 같은 팁을 활용할 수 있을 것이다.

1) 선택과 집중

스타트업은 많은 마케팅 옵션이 있지만, 초기 단계에서는 예산을 관리하고 전략적인 선택과 집중이 필요하다. 어떤 마케팅 채널이 가장 효과적인지, 어떤 타겟 고객층을 중점적으로 다뤄야 하는지 등을 고민해야 하는 것이다.

2) 테스트와 검증의 반복

스타트업에서 마케팅은 테스트와 검증을 반복해야 한다. 초기에는 작은 예산을 투자하여 여러 가지 마케팅 전략을 시도하고 실패한 전략은 빠르게 폐기하고 성공한 전략은 더욱 발전시켜 나가는 것이 중요하다.

3) 데이터 활용

데이터는 스타트업에서 마케팅 전략을 개발하고 실행하는 데 매우 중요하다. 데이터를 수집하고 분석하여 어떤 마케팅 전략이 가장 효과적인지 판단할 수 있다.

4) 커뮤니케이션 강화

스타트업에서는 커뮤니케이션이 매우 중요하다. 마케팅팀과 제품·서비스 개발팀, 그리고 경영진 간의 원활한 커뮤니케이션이 필요하다. 이를 통해 마케팅 전략을 보다 효과적으로 실행할 수 있다.

5) 고객 경험의 개선

마케팅 전략을 실행하는 과정에서 고객들의 피드백을 수집하고 이를 바탕으로 제품·서비스와 고객 경험을 개선해 나가는 것이 중요하다. 이를 통해 고객들의 만족도를 높일 수 있으며 장기적인 성공에 도움이 된다.

마케팅은 스타트업의 성공을 위해 매우 중요한 역할을 한다. 시장조사를 통해 자신들의 제품·서비스를 필요로 하는 타깃 고객층을 파악하고 이를 바탕으로 효과적인 마케팅 전략을 개발하고 실행하는 것이 스타트업의 시장 진입에 도움이 되는 것이다.

또한, 초기 단계에서는 예산과 리소스가 제한적이므로 효과적인 마케팅 전략을 개발하고 실행하는 것이 중요하다. 스타트업은 초기 선택과 집중하고 실험과 검증을 반복하며 데이터를 활용하고 커뮤니케이션을 강화하고 고객 경험을 개선해나가는 등의 전략을 수립하면서 시장 진입에 성공할 수 있다.

🖋 스타트업 CEO가 마케팅을 알아야 하는 이유

스타트업은 창업 초기부터 다양한 문제와 어려움에 직면한다. 이 중에서도 가장 큰 문제 중 하나는 시장에서 원하는 제품이나 서비스를 개발하고 이를 목표고객에게 알리고 구매를 일으키는 것이다.

이를 위해서 스타트업 창업자, CEO가 마케팅에 대한 이해와 마케팅적 사고 고객관점의 문제 파악과 솔루션 개발, 시장 진입을 위한 홍보 마케팅 전략과 실행 등에 대한 전문성을 갖추는 것이 매우 중요하다.

스타트업 창업자, CEO가 마케팅을 알아야 하는 이유를 다음과 같이 정리할 수 있다.

1) 시장지향적인 시장조사와 분석

시장조사와 분석은 스타트업의 제품이나 서비스가 시장에서 성공적으로 수요를 끌어내기 위한 매우 중요한 과정이다. 단순한 시장조사와 분석이 아닌, 마케팅적 사고에 기반한 시장조사와 분석을 통해 타겟시장의 설정, 타겟시장의 문제 파악 등을 통해 공략하고자 하는 시장을 설정하고 기존시장의 문제를 해결하는 제품과 서비스를 런칭할 수 있는 것이다.

예를 들어, 국내 배달주문 플랫폼시장에서의 차별적인 BM과 서비스로 창업에 도전한다고 할 때 단순하게 시장의 급성장하는 기회를 중심으로 도전하는 것이 아니라, 체계적이고 구체적인 시장조사와 현장의 문제확인을 통해 배달음식 시장의 수요와 선호도를 파악하고 음식점

주의 불만과 문제 파악, 경쟁사와 자사의 경쟁우위를 파악하여 기존과는 다른 차별적인 비즈니스모델과 시장 진입을 위한 전략을 수립할 수 있을 것이다.

2) 명확한 타겟고객 설정 및 이해

명확한 타겟고객 설정 및 이해는 제품이나 서비스의 마케팅 전략 수립에 있어서 매우 중요하다. 예를 들어, 스타트업이 개발한 제품이나 서비스가 20대 남성을 대상으로 한다면 이를 이해하고 타겟고객의 문제와 니즈를 파악하여 해당 타겟고객을 위한 보다 구체적이고 실질적인 문제 해결과 가치를 제안하는 마케팅 전략을 수립할 수 있을 것이다.

3) 고객 중심의 제품 및 서비스 기획 및 런칭

고객 중심의 제품 및 서비스를 기획하고 런칭하는 것은 고객에게 가치를 제공하기 위한 매우 중요한 과정이다. 예를 들어, 헬스케어 스타트업이 개발한 제품이나 서비스가 건강한 삶을 추구하는 고객을 대상으로 하고 있다면 고객이 원하는 적절한 가격대와 혜택을 제공하는 제품이나 서비스를 런칭할 필요가 있을 것이다.

4) 고객 문제 해결 제품 및 서비스로 성공적인 시장 진입

고객의 문제를 해결하기 위한 제품 또는 서비스를 제공하는 것은 스타트업이 성공적인 시장 진입을 이루어내는 데 있어서 매우 중요하다. 예를 들어, 국내 온라인 교육 시장이 급성장하고 있는데, 이에 대응하여 스타트업이 제공하는 온라인 교육 서비스가 학생들의 학습능력을 향상시키기 위한 문제 해결 제품과 서비스를 제공하는 등 보다 구체적

인 문제 해결 솔루션을 제공할 수 있을 것이다

5) 경쟁사 분석을 통한 경쟁우위 확보

경쟁사 분석을 통해 경쟁사의 제품 또는 서비스와 자사의 제품 또는 서비스를 비교하고 경쟁사와 차별화된 제품 또는 서비스를 제공함으로써 경쟁우위를 확보할 수 있다. 예를 들어, 새로운 게임 출시를 위해 게임 개발 스타트업이 경쟁사의 게임과 비교하여 높은 그래픽 퀄리티나 캐릭터 디자인 등을 강화하여 경쟁우위를 확보할 수 있게 해 줄것이다.

6) 자사 역량을 고려한 전략적인 시장 진입 및 마케팅

스타트업 창업자와 CEO는 자사의 역량을 고려하여 전략적인 시장 진입 및 마케팅 전략을 수립해야 한다. 예를 들어, 인공지능 스타트업이 자사의 역량인 기술과 자본력 등을 고려하여 음성인식 기술을 개발하고 음성인식을 활용한 새로운 제품을 출시하여 자사의 경쟁우위를 확보할 수 있는 보다 현실적인 타겟시장을 대상으로 한 전략적인 홍보 마케팅을 실행할 수 있을 것이다.

7) 차별적인 브랜드 전략과 성과 창출

차별화된 브랜드 전략을 수립하여 브랜드 인지도를 높이고 브랜드가 가진 가치를 전달함으로써 고객들의 인지도와 신뢰도를 높일 수 있을 것이다. 예를 들어, 스타트업이 환경 친화적이며 공정한 생산 프로세스를 가지고 보다 경쟁력 있는 제품을 기획 및 출시한다면 타겟고객에게 환경친화적이고 공정제품의 이미지를 전달함으로써 ESG 친화적인 기업 및 제품이미지를 통해 차별화된 브랜드 전략을 수립 및 실행할 수 있을 것이다.

8) 고객 창출 및 유지를 위한 역량 강화

고객을 유치하고 유지하기 위해서는 고객에게 제공하는 제품 또는 서비스가 충분한 가치를 제공해야 한다. 이를 위해 스타트업 창업자와 CEO는 지속적인 제품 개선과 고객 만족도 조사를 통해 고객의 니즈와 문제를 파악하고 제품이나 서비스를 개선해나갈 필요가 있다.

또한, 고객에게 지속적인 서비스를 제공하기 위해 고객관리시스템을 강화하고 고객과의 소통 채널을 유지하는 것이 중요하다.

스타트업 창업자 및 CEO가 마케팅에 대한 이해를 바탕으로 신규고객을 창출하고 기존고객의 유지 등을 위한 역량을 지속적으로 강화해가는 것이 중요한 것이다.

9) 전략적인 홍보마케팅으로 저비용 고효율마케팅 성과

전략적인 홍보마케팅을 통해 저비용으로도 고효율적인 마케팅 성과를 얻을 수 있다. 예를 들어, 스타트업이 소셜 미디어나 블로그를 활용하여 제품 또는 서비스를 홍보하고 타겟고객에게 직접적으로 접근함으로써 높은 효과를 얻을 수 있는 것이다.

스타트업CEO가 마케팅에 이해가 높다면 저비용 고효율의 마케팅 실행의 가능성을 높여 기업의 실질적인 성과창출을 위한 기반을 강화해나갈 것이다.

10) 기존고객 유지와 신규고객의 지속창출을 통한 지속 가능성 제고

기존 고객을 유지하고 신규고객을 지속적으로 창출하는 것은 스타트업의 지속 가능성을 높이는 데 있어서 매우 중요하다. 이를 위해서는 고객과의 소통을 유지하고 고객의 니즈와 문제를 파악하여 제품 또는 서비스를 개선해나가야 한다. 또한, 고객과의 소통 채널을 강화하고 고객과의 관계를 유지하는 것이 중요할 것이다.

마케팅은 스타트업 창업자와 CEO가 제품이나 서비스를 대중에게 알리기 위해 반드시 알아야 할 전략이다.

마케팅 전략을 수립하고 실행하는 과정에서 스타트업은 경쟁력을 확보하고 고객들의 니즈를 파악하여 제품 또는 서비스를 개선할 수 있으며 브랜드 인지도를 높일 수 있다. 마케팅 전략은 스타트업이 지속적인 성장을 이루어내는데 있어서 매우 중요한 역할을 할 것이므로 스타트업 창업자와 CEO는 마케팅에 대한 이해와 전문성을 갖추어, 성공적인 스타트업을 만들어나가야 할 것이다.

🎯 사용자 경험과 경험 개선 핵심요소

사용자 경험(User Experience, UX)이란, 제품이나 서비스를 사용하는 고객이 느끼는 전반적인 경험을 말한다. 이를 통해 고객의 만족도를 높이고 제품이나 서비스의 사용성을 개선할 수 있다.

스타트업의 성공적인 시장 진입을 위해서는 고객의 만족도를 높이고 경쟁우위를 확보할 수 있는 마케팅 전략이 필요하다. 이러한 마케팅 전략을 수립하기 위해서는 고객의 요구사항과 사용성을 파악하는 것이 매우 중요한 데, 이를 위해서는 사용자 경험을 중심으로 한 전략적 마케팅이 필요하다.

사용자 경험은 제품이나 서비스를 사용하는 고객이 느끼는 전반적인 경험으로 사용자 경험을 제대로 구현하면 제품이나 서비스를 사용하는 고객들이 만족하고 재구매율과 고객충성도를 높일 수 있다. 이를 통해 고객의 만족도를 높이고 브랜드 인지도를 높일 수 있다.

또한, 사용자 경험이 좋은 제품이나 서비스는 고객들이 다른 사람들에게 추천하는 경우가 많다. 이를 통해 바이럴 마케팅이 가능하며 이는 고객 유치에 매우 효과적이다.

스타트업이 시장 진입을 하기 위해서는 이미 존재하는 기업들과 경쟁해야 한다. 이를 위해서는 경쟁우위를 확보할 수 있는 마케팅 전략이 필요한 데, 사용자 경험이 좋은 제품이나 서비스는 경쟁사와 차별화된 서비스를 제공하고 경쟁우위를 확보하는 데 매우 효과적이다.

따라서 스타트업의 성공적인 시장 진입을 위해서는 사용자 경험을 중심으로 한 마케팅 전략을 수립하는 것이 매우 중요하다. 이를 통해 고객의 만족도를 높이고 경쟁우위를 확보할 수 있으며 스타트업의 성장과 발전을 이루어 나갈 수 있다.

스타트업 마케팅에서 초기시장 진입을 위해서는 사용자 경험의 중요성이 더욱 커진다. 이를 위해 사용자 경험을 파악하고 이를 개선하기 위한 핵심요소를 다음과 같이 제시할 수 있다.

1) 사용자 요구사항 파악

사용자 요구사항을 파악하기 위해 사용자 설문조사나 인터뷰를 통해 고객의 요구사항을 파악할 수 있다. 이를 통해 고객이 원하는 제품이나 서비스의 기능과 편의성을 파악하고 이를 반영하여 제품 및 서비스를 개선할 수 있다.

2) 사용자 중심의 디자인

사용자 중심의 디자인을 통해 사용자의 요구사항을 최대한 반영할 수 있다. 이를 위해 UI/UX 디자이너를 투입하여 사용자 중심의 디자인을 개발하고 이를 반영하여 제품 및 서비스를 개선할 수 있다.

3) 적극적인 피드백 수집

사용자 피드백을 수집하여 제품 및 서비스의 문제점과 개선사항을 파악할 수 있다. 이를 위해 사용자에게 적극적으로 피드백을 요청하고 이를 바탕으로 제품 및 서비스를 개선할 수 있다.

4) 사용자 테스트

사용자 테스트를 통해 제품 및 서비스의 사용성을 평가할 수 있다. 이를 위해 사용자 그룹을 모집하여 제품 및 서비스를 사용하도록 하고 사용자의 반응과 사용성을 평가할 수 있다.

5) 지속적인 개선 및 개발

사용자 경험을 개선하기 위해서는 제품 및 서비스의 지속적인 개선과 개발이 필요하다. 이를 위해 고객의 요구사항을 파악하고 제품 및 서비스를 지속적으로 개선하며 새로운 기능과 서비스를 개발할 수 있다.

사용자 경험을 제대로 파악하고 구현하기 위해서는 사용자 요구사항 파악, 사용자 중심의 디자인, 적극적인 피드백 수집, 사용자 테스트, 지속적인 개선 및 개발 등의 핵심 요소가 필요하다. 이를 통해 고객의 만족도를 높이고 제품 및 서비스의 사용성을 개선할 수 있다. 또한, 이를 통해 스타트업 창업자와 CEO는 고객을 중심으로 한 마케팅 전략을 수립하고 초기시장 진입을 성공적으로 이룰 수 있을 것이다.

✐ 사용자 경험 유형과 UX 개선방안

사용자 경험(User Experience, UX)은 제품이나 서비스를 사용하는 고객이 느끼는 전반적인 경험을 의미한다.

▌1. 사용자 경험 유형

사용자 경험은 다양한 형태로 나타날 수 있으며 대표적인 사용자 경험 유형은 다음과 같다.

1) 시각적인 사용자 경험

시각적인 사용자 경험은 제품이나 서비스의 디자인과 UI(User Interface)를 통해 구현되며 제품이나 서비스의 UI가 사용자에게 직관적이고 쉽게 이해할 수 있도록 구성되어 있다면 사용자 경험을 향상시킬 수 있다.

2) 기능적인 사용자 경험

기능적인 사용자 경험은 제품이나 서비스의 기능적인 측면에서 구현되며 사용자들이 제품이나 서비스를 사용하는 과정에서 기능적인 문제나 불편함이 없도록 구성되어 있다면 사용자 경험을 향상시킬 수 있다.

3) 감각적인 사용자 경험

감각적인 사용자 경험은 제품이나 서비스가 사용자의 다양한 감각을 자극하는 경험으로 제품이나 서비스의 색상, 향기, 소리, 질감 등이 사용자들에게 긍정적인 경험을 제공한다면 사용자 경험을 향상시킬 수 있다.

4) 감정적인 사용자 경험

감정적인 사용자 경험은 제품이나 서비스를 사용하는 고객들이 느끼는 감정적인 요소로 제품이나 서비스가 사용자에게 긍정적인 감정을 유발한다면 사용자 경험을 향상시킬 수 있다.

5) 인지적인 사용자 경험

인지적인 사용자 경험은 제품이나 서비스를 사용하는 고객들이 느끼는 인지적인 요소로 사용자들이 제품이나 서비스를 사용하는 과정에서 쉽게 이해하고 사용할 수 있도록 구성되어 있다면 사용자 경험을 향상시킬 수 있다.

위와 같은 다양한 사용자 경험 유형을 고려하여 스타트업이 제품이나 서비스를 개발하고 마케팅 전략을 수립할 때 사용자 경험을 중심으로 한 전략을 수립하는 것이 중요하다.

스타트업 창업 인사이트

특히, 초기시장 진입을 위해서는 경쟁사와 차별화된 사용자 경험을 제공하는 것이 매우 중요하므로 스타트업은 초기 단계에서 사용자 경험을 중심으로 한 디자인, 개발, 마케팅 전략을 수립하고 이를 지속적으로 개선해 나가는 것이 성공적인 시장 진입과 성장의 핵심 요소이다.

또한, 사용자 경험은 제품이나 서비스를 사용하는 모든 단계에서 중요하다. 사용자들이 제품이나 서비스를 구매하기 전, 구매 중, 구매 후 모두 사용자 경험을 중요하게 생각한다. 따라서 스타트업은 제품이나 서비스를 런칭하기 전에 사용자들의 요구사항과 피드백을 수집하고 이를 반영하여 사용자 경험을 개선하는 노력이 필요하다.

사용자 경험은 스타트업의 브랜드 이미지와 연관이 있고 사용자들은 제품이나 서비스를 사용하는 과정에서 느끼는 경험을 토대로 브랜드 이미지를 형성한다. 따라서 사용자 경험을 향상시켜 브랜드 이미지를 개선하는 것은 스타트업의 성장과 발전을 위해 매우 중요하다.

▌2. 사용자 경험 유형에 따른 적합한 UX 개선방안

각각의 사용자 경험 유형에 따라서 적합한 UX(User Experience) 개선 방안은 다음과 같다.

1) 시각적인 사용자 경험

적절한 색상, 폰트, 아이콘 등을 사용하여 사용자의 시각적인 인식을 돕는다. UI 디자인에서 사용자가 쉽게 찾을 수 있는 메뉴와 버튼을 제공한다. 레이아웃이나 텍스트 등의 요소를 일관성 있게 유지하여 사용자가 직관적으로 이해할 수 있도록 한다.

2) 기능적인 사용자 경험

사용자가 기능을 쉽게 이해하고 사용할 수 있도록 직관적이고 간결한 UI를 제공한다. 사용자 피드백을 적극적으로 수집하고 이를 바탕으로 제품이나 서비스의 기능 개선을 진행한다.

제품이나 서비스를 더욱 안정적으로 사용할 수 있도록 문제가 발생할 가능성이 높은 부분을 사전에 예방하고 대비한다.

3) 감각적인 사용자 경험

사용자의 다양한 감각을 자극하는 디자인을 제공한다. 예를 들어, 시각적으로 아름답고 색다른 디자인, 적절한 음향 효과, 부드러운 질감 등을 활용한다.

제품이나 서비스가 사용자의 감정적인 요소에 대해 긍정적인 영향을 미치도록 적절한 메시지나 이벤트 등을 제공한다.

4) 감정적인 사용자 경험

사용자가 제품이나 서비스를 사용하는 과정에서 긍정적인 감정을 느낄 수 있도록 노력한다. 예를 들어, 사용자를 위한 특별한 혜택이나 프로모션, 편리한 서비스 등을 제공한다.

사용자가 불편한 경험을 하였을 때 적극적으로 문제를 해결하고 사용자에게 사과를 표명한다.

　　　　　　　　　　　　　　　　　　　스타트업 창업 인사이트

5) 인지적인 사용자 경험

사용자가 제품이나 서비스를 쉽게 이해할 수 있도록 명확하고 직관적인 UI를 제공한다. 제품이나 서비스 사용에 대한 적절한 가이드나 튜토리얼 등을 제공한다.

사용자들이 불필요한 정보나 단계를 거치지 않고 쉽게 제품이나 서비스를 사용할 수 있도록 불필요한 요소를 최소화하여 사용자가 불필요한 시간을 소비하지 않도록 한다.

위와 같은 방법을 통해 스타트업은 사용자들이 제품이나 서비스를 쉽게 이해하고 사용할 수 있도록 사용자 경험을 개선할 수 있다.

또한, 사용자들이 제품이나 서비스를 사용하는 과정에서 긍정적인 감정을 느끼도록 하여 브랜드 이미지를 향상시키는 효과를 얻을 수 있다.

사용자 인터페이스(UI)의 중요성과 구성요소

스타트업 마케팅에서 UI(User Interface)는 매우 중요한 역할을 한다. 이는 제품이나 서비스의 인터페이스가 사용자에게 적절하고 직관적으로 제공될 때 사용자 경험(UX)을 향상시켜 더 많은 고객을 유치하고 충성도를 높이는 데에 큰 역할을 하는 것이다.

UI(User Interface)의 중요성은 사용자 경험(UX)과 밀접하게 연관되어 있다. 사용자가 제품이나 서비스를 이용할 때 UI가 제공되는 방식에 따라 사용자의 만족도와 충성도가 크게 달라지기 때문이다.

첫째로 UI는 사용자가 제품이나 서비스를 인지하는 데 중요한 역할을 한다.

UI가 적절하게 제공되면 사용자는 제품이나 서비스의 기능을 보다 쉽게 이해하고 사용할 수 있다. 이를 통해 사용자는 보다 쉽게 원하는 목표를 달성할 수 있으며 만족도가 향상되는 것이다.

둘째로 UI는 제품이나 서비스의 브랜드 이미지를 결정짓는 중요한 요소이다.

사용자들은 제품이나 서비스의 UI를 통해 브랜드 이미지와 제공되는 가치를 인지하며 이를 토대로 제품이나 서비스의 품질을 판단한다. 따라서 UI가 적절하게 제공되지 않으면 브랜드 이미지가 손상되어 사용자들의 신뢰도와 만족도가 감소할 수 있다.

셋째로 UI는 사용자의 만족도와 충성도에 직결되는 요소이다. UI가 적절하게 제공되면 사용자들은 보다 쉽게 제품이나 서비스를 이용하고 불필요한 불편함이나 스트레스를 경험하지 않는다. 이를 통해 사용자들은 보다 긍정적인 경험을 누리며 브랜드에 대한 신뢰도와 충성도를 높일 수 있다.

따라서 스타트업들은 UI의 중요성을 인식하고 적절한 UI를 제공하여 사용자들의 만족도와 충성도를 높이는 데에 최선의 노력을 기울여야 하는 것이다.

1. UI(User Interface)구성요소

UI의 구성 요소는 다음과 같다.

1) 레이아웃
화면을 어떻게 배치할지, 각 요소의 크기와 위치를 결정한다.

2) 디자인
색상, 폰트, 아이콘 등으로 화면의 디자인을 결정한다.

3) 텍스트
텍스트는 사용자와 직접적으로 소통하는 수단이다. 제목, 본문, 버튼 텍스트 등은 사용자에게 적절하고 명확하게 전달되어야 한다.

4) 이미지 및 그래픽
적절한 이미지와 그래픽으로 화면을 보충하고 사용자의 시선을 끌어야 한다.

5) 상호작용
사용자와의 상호작용을 위한 버튼, 메뉴 등을 구성하고 적절한 반응성을 제공해야 한다.

UI의 중요성은 사용자 경험(UX) 향상과 직결된다. 제품이나 서비스의 UI가 사용자들에게 적절하게 제공되면 사용자들은 제품이나 서비스를 보다 쉽게 이용할 수 있다. 따라서 스타트업들은 UI에 적절한 노력을 기울여 사용자들이 더욱 만족스러운 경험을 누릴 수 있도록 해야 하는 것이다.

▌2. UI 관련 트렌드

스타트업 영역에서 웹과 모바일 앱에서의 UI 관련 트렌드는 다음과 같다.

1) 웹에서의 UI 트렌드

- 반응형 디자인 : 다양한 기기에서 웹을 접속할 수 있도록 기기의 화면 크기에 맞게 자동으로 레이아웃을 조절하는 반응형 디자인이 대세이다. 이를 통해 사용자가 불편함 없이 적절하게 웹을 이용할 수 있다.

- 다크 모드 : 광량 조절에 적합한 다크 모드는 눈의 피로를 줄여줌으로써 사용자의 편의성을 높인다.

- 애니메이션 효과 : 세련된 디자인을 구현하고 사용자의 시선을 끌어주는 애니메이션 효과가 인기를 끌고 있다.

- 단순화된 디자인 : 불필요한 요소들을 제거하고 단순하면서도 직관적인 디자인이 인기를 얻고 있다.

2) 모바일 앱에서의 UI 트렌드

- 터치 피드백 : 버튼 등을 눌렀을 때 터치 피드백이 적절하게 제공되면 사용자들은 버튼이 제대로 작동하는지 확인할 수 있어 사용성이 향상된다.

- 제스처 기반의 UI : 스와이프, 드래그 등 제스처를 통해 사용자의 편의성을 높여주는 UI가 인기를 얻고 있다.

- 비주얼 효과 : 적절한 그래픽 요소나 애니메이션 효과 등을 통해 눈에 잘 띄고 기억에 남는 UI를 구현하는 것이 인기를 얻고 있다.

- VR/AR 기술의 활용 : 가상현실(VR)이나 증강현실(AR) 기술을 활용하여 사용자에게 더욱 생생한 경험을 제공하는 UI가 인기를 얻고 있다.

이처럼, 스타트업에서는 사용자들의 편의성과 만족도를 높일 수 있는 UI 트렌드를 파악하고 이를 적절하게 도입하여 사용자 경험(UX)을 향상시켜야 한다.

🎯 스타트업 콘텐츠 마케팅의 중요성

콘텐츠 마케팅은 유용한 정보나 지식을 제공하고 이를 통해 고객과의 관계를 강화하면서 브랜드 인지도를 높이고 매출을 증가시키는 마케팅 전략이다.

스타트업 영역에서는 다양한 콘텐츠 마케팅 방법이 활용되는데, 예를 들어, 블로그를 활용한 콘텐츠 마케팅은 스타트업에서 많이 활용되는 방법 중 하나이다.

스타트업은 블로그를 통해 자신들의 제품이나 서비스를 소개하면서 타깃 고객층에게 유용한 정보나 지식을 제공한다. 이를 통해 스타트업은 자신들의 전문성을 인정받으면서 브랜드 인지도를 높이고 매출을 증가시키는 효과를 얻을 수 있다.

스타트업은 영상을 활용한 콘텐츠 마케팅도 많이 활용한다. 예를 들어, 제품 사용법을 설명하는 동영상을 제작하거나 새로운 제품 출시 소식을 알리는 영상 및 숏폼영상을 제작하여 유튜브나 소셜 미디어를 통해 활발하게 공유한다.

인포그래픽을 활용한 콘텐츠 마케팅도 많이 활용된다. 스타트업은 인포그래픽을 활용하여 타깃 고객층에게 유용한 정보를 제공하면서 브랜드 인지도를 높이고 매출을 증가시킨다.

소셜 미디어를 활용한 콘텐츠 마케팅도 많이 활용되는데, 스타트업은 소셜 미디어를 통해 새로운 제품 출시 소식이나 이벤트 정보를 공유하면서 타깃 고객층과의 연결을 강화하고 브랜드 인지도를 높이며 매출을 증가시킨다.

이러한 방법들을 통해 스타트업은 적극적으로 콘텐츠 마케팅을 활용하여 브랜드 인지도를 높이고 매출을 증가시킬 수 있다. 이를 위해서는 유용한 정보나 지식을 제공하면서 고객과의 관계를 강화하고 자신들의 전문성을 인정받는 것이 중요하다.

또한, 스타트업에서는 콘텐츠 마케팅을 통해 새로운 시장을 개척할 수도 있다. 예를 들어, 스타트업이 새로운 제품을 출시할 때 이에 맞는 새로운 시장을 개척하기 위해 콘텐츠 마케팅을 활용할 수 있다. 이를 통해 새로운 고객층을 유치하고 매출을 증가시킬 수 있다.

스타트업에서 콘텐츠 마케팅의 성공 사례 중 하나는 허프포스트 (HuffPost)이다. 허프포스트는 블로그를 활용하여 뉴스와 문화, 스포츠, 엔터테인먼트 등 다양한 주제의 콘텐츠를 제공하면서 성공적인 콘텐츠 마케팅을 구현하였다. 또한, 블로그를 활용하여 자신들의 전문성을 인정받고 브랜드 인지도를 높였다.

또 다른 성공 사례는 레드불(Red Bull)로 레드불은 비디오를 활용하여 자전거 스턴트, 레이싱, 스케이트보드 등 극한 스포츠를 소개하는 영상을 제작하면서 자신들의 브랜드 이미지를 확립하였다. 또한, 이를 통해 새로운 고객층을 유치하고 매출을 증가시켰다.

이처럼, 스타트업에서는 적극적으로 콘텐츠 마케팅을 활용하여 자신들의 브랜드 인지도를 높이고 매출을 증가시킬 수 있다.

스타트업 마케팅에서 콘텐츠 마케팅은 매우 중요한 역할을 한다.
이는 다음과 같은 이유 때문이다.

1) 높은 ROI(Return on Investment)

콘텐츠 마케팅은 다른 마케팅 방법에 비해 비용 대비 높은 효과를 얻을 수 있는 방법 중 하나이다. 유용한 콘텐츠를 제공하여 고객과 브랜드 간의 연결을 강화하면서 리드를 수집하고 매출을 증가시킬 수 있다.

2) 검색 엔진 최적화(SEO)

콘텐츠 마케팅은 검색 엔진 최적화를 통해 더 많은 사람들이 사이트를 방문하게 만들어준다. 검색 엔진은 매우 유용한 콘텐츠가 있는 웹사이트를 더 높은 순위로 표시하기 때문이다.

3) 소셜 미디어 활용

콘텐츠 마케팅은 소셜 미디어 플랫폼에서 활용할 수 있다. 유용하고 흥미로운 콘텐츠를 제공하여 소셜 미디어에서 공유되어 홍보 효과를 극대화할 수 있다.

4) 브랜드 인지도 증가

콘텐츠 마케팅은 브랜드 인지도를 높일 수 있는 방법 중 하나이다. 유용하고 흥미로운 콘텐츠를 제공하여 고객이 브랜드를 인식하고 기억할 수 있도록 도와준다.

5) 고객 유치

콘텐츠 마케팅은 유용하고 흥미로운 콘텐츠를 제공하여 고객을 유치할 수 있는 방법 중 하나이다. 유용한 정보나 지식을 제공하여 고객들의 Bedrock을 파악하고 고객과 브랜드 간의 연결을 강화할 수 있다.

6) 고객충성도 증가

고객이 브랜드와 연결된 콘텐츠를 제공하면 고객들은 해당 브랜드를 더욱 신뢰하게 되고 고객충성도가 높아진다.

7) 전문성 강화

콘텐츠 마케팅을 통해 전문성을 강화할 수 있다. 유용한 정보나 지식을 제공하면서 해당 분야에 대한 전문성을 인정받게 되어, 브랜드의 전문성을 강화할 수 있다.

8) 마케팅 자원 활용

콘텐츠 마케팅은 다양한 채널에서 활용할 수 있는 자원을 제공한다. 블로그, 이메일, 소셜 미디어 등 다양한 채널을 활용하여 효과적인 마케팅을 구성할 수 있다.

9) 긴 시간 동안 유지되는 효과

콘텐츠 마케팅은 한 번 제작된 콘텐츠가 긴 시간 동안 유지되는 효과를 가지고 있다. 유용하고 흥미로운 콘텐츠는 인터넷에서 계속해서 검색되고 공유되며 영향력을 미친다.

콘텐츠 마케팅은 브랜드와 고객간의 관계를 강화할 수 있는 방법 중 하나이다. 유용한 정보나 지식을 제공하여 브랜드와 고객 간의 연결을 강화하면서 브랜드와 고객 간의 신뢰도를 높일 수 있다.

콘텐츠 마케팅은 광고에 비해 보다 자연스럽게 노출될 수 있다.
광고는 가끔 소비자들에게 스팸처럼 느껴질 수 있는 반면 유용한 콘텐츠는 소비자들이 필요한 정보를 검색하는 과정에서 자연스럽게 노출될 수 있어, 콘텐츠 마케팅은 더 나은 사용자 경험을 제공할 수 있다.

콘텐츠 마케팅을 활용하면 브랜드와 소비자 간의 대화를 유도할 수 있다. 콘텐츠 마케팅은 브랜드가 소비자들과 대화하는 방법 중 하나이며 이를 통해 브랜드가 고객들의 Bedrock에 맞게 적극적으로 대응하면서 소비자들의 요구에 부합하는 제품이나 서비스를 제공할 수 있다.

콘텐츠 마케팅은 스타트업에게 매우 중요한 마케팅 방법 중 하나이므로 적극적으로 활용하면서 브랜드의 인지도를 높이고 고객들과의 연결을 강화하여 효과적인 마케팅을 구성할 수 있을 것이다.

13

스타트업 스케일업 전략

For a startup to grow, it needs to build scalable organizations, processes, and systems.

(스타트업이 성장하려면, 규모를 확장할 수 있는 조직, 프로세스 및 시스템을 구축해야 한다.)

-Verne Harnish, Scaling Up: How a Few Companies Make It...and Why the Rest Don't-

🎯 스타트업의 스케일업은?

스타트업 스케일업(Startup Scaleup)은 초기 창업 단계에서 성공적인 사업모델을 찾은 이후, 기업의 성장을 가속화하는 과정을 의미한다. 스케일업은 일반적으로 빠른 시간 내에 이루어지며 고객기반 확장, 수익 증가 브랜드 인지도 향상, 그리고 시장점유율 증대와 같은 성과를 목표로 한다.

1. 스타트업 스케일업의 중요성

스타트업에게 스케일업은 다음과 같은 이유로 중요할 수밖에 없다.

1) 경쟁력 강화

스케일업을 통해 시장점유율을 확보하고 경쟁사들에게 뒤처지지 않게 한다.

2) 규모의 경제

기업 규모가 커짐에 따라 단위당 비용이 감소하고 효율성이 향상된다.

3) 자금조달 용이성

스케일업이 성공적으로 이루어질 경우, 투자자들로부터 더 많은 자금을 조달할 수 있게 된다.

4) 인재 유치

성장하는 기업에는 유능한 인력들이 더욱 많이 모이게 되며 이는 기업의 지속적인 성장에 기여하게 된다.

▍ 2. 스타트업 스케일업의 전략적인 실행

스케일업 과정에서 다음과 같은 전략적인 실행을 통해 기업의 역량 제고는 물론 성장을 도모하게 된다.

1) 사업모델 검증

시장에 적합한 제품·서비스를 개발하고 타겟 고객들의 니즈를 충족시키는지 확인한다.

2) 조직 구조 개선

역할 분배를 명확히하고 조직의 효율성을 높이기 위해 구조를 조정한다.

3) 자금조달

성장을 위한 자금을 확보하기 위해 투자자들과 협상하거나 다양한 자금조달 방법을 모색한다.

4) 마케팅 전략 수립

인지도를 높이고 고객을 확보하기 위한 다양한 마케팅 전략을 수립하고 실행한다.

5) 판매 및 고객 서비스 강화

판매 채널을 확대하고 고객 서비스를 개선하여 고객 만족도를 높인다.

6) 기술 및 인프라 확장

성장에 따른 기술 및 인프라 요구를 충족시키기 위해 지속적 기술 및 인프라 확장을 한다. 이를 통해 기업은 고객 요구에 더욱 신속하게 대응할 수 있게 된다.

7) 인재 유치 및 개발

스케일업을 위해 필요한 인재를 적시에 유치하고 기존 직원들의 역량을 개발하며 조직문화를 조성하여 높은 업무 만족도와 생산성을 유지한다.

8) 파트너십 및 제휴 전략

기업 간 협력을 통해 상호 이익을 추구하고 더 큰 시장 공략 및 고객 기반 확장에 도움이 되는 파트너십과 제휴를 구축한다.

9) 글로벌 시장 진출

기업의 성장을 위해 해외 시장에 진출하여 다양한 국가에서의 경쟁력을 강화하고 세계적인 브랜드로 성장할 수 있는 기회를 찾는다.

10) 지속 가능한 성장 관리

스케일업의 과정에서 발생할 수 있는 잠재적 위험요소들을 관리하고 지속 가능한 성장을 위한 전략을 수립하며 사회적 책임을 다하는 기업으로 성장한다.

스타트업 스케일업은 지속적인 성장과 안정된 입지를 확보하기 위한 필수 과정이다. 이를 통해 기업은 시장에서 더 큰 영향력을 행사할 수 있으며 다양한 기회를 창출할 수 있다.

따라서 스케일업의 개념을 이해하고 그 중요성을 인식하며 체계적인 과정과 단계를 거쳐 성공적으로 성장할 수 있는 스타트업이 되는 것이 중요하다.

🎯 스케일업으로 유니콘에 도전하자!

유니콘 기업이란 시장 가치가 10억 달러 이상인 스타트업을 의미하며 유니콘 기업들은 혁신적인 비즈니스모델과 빠른 성장을 통해 글로벌 시장에서 큰 영향력을 발휘하고 있다.

스케일업 과정을 통해 유니콘 기업이 되기 위해서는 다음과 같은 전략들을 고려해야 한다.

1) 명확한 비전 및 미션 설정

유니콘 기업이 되기 위해서는 기업의 비전과 미션을 명확하게 설정해야 한다. 이를 통해 직원들은 일관된 목표를 향해 노력하며 기업의 성장을 이끌어낼 수 있다.

2) 혁신적인 비즈니스모델 개발

유니콘 기업들은 대부분 독특한 가치 제안과 혁신적인 비즈니스모델을 가지고 있다. 기존 시장에서 차별화된 가치를 제공하는 비즈니스모델을 개발하고 지속적으로 혁신해야 한다.

3) 탄탄한 기술기반 구축

유니콘 기업들은 기술력을 바탕으로 경쟁력을 강화한다. 기술개발에 투자하고 지속적인 연구 개발을 통해 기술력을 키워야 한다.

4) 글로벌 시장 진출 전략

유니콘 기업이 되기 위해서는 국내 시장을 넘어 글로벌 시장에서도 경쟁력을 발휘해야 한다. 글로벌 시장 진출 전략을 세우고 다양한 국가의 시장에 맞는 제품과 서비스를 개발해야 한다.

5) 효율적인 조직 관리

성장하는 기업은 조직의 효율성이 저하될 수 있다. 조직 구조를 개선하고 역할 분배를 명확히 함으로써 효율적인 조직 관리를 이루어야 한다.

6) 지속적인 투자유치

유니콘 기업이 되기 위해서는 지속적인 투자를 유치해야 한다. 성장 가능성을 보여주며 투자자들의 관심을 유지하고 필요한 자금을 조달해야 한다. 투자자들과의 관계를 유지하며 신뢰를 쌓는 것이 중요하다.

7) 인재 유치 및 재능 관리

유니콘 기업으로 성장하기 위해서는 역량 있는 인재들을 유치하고 기존 인력의 역량을 향상시키는 것이 중요하다. 탁월한 인재들을 끌어들이기 위한 복리후생 및 인사정책을 구축하고 업무 환경을 개선해야 한다.

8) 사회적 책임 및 지속가능성

지속적인 성장을 위해 사회적 책임과 환경 지속가능성을 고려한 경영 방식을 도입해야 한다. 이를 통해 기업의 이미지를 개선하고 지속가능한 발전을 추구할 수 있다.

9) 계속적인 성장과 안정적인 입지 확보

스케일업과 유니콘 도전을 위해 지속적인 성장을 이루어야 한다. 기업의 성장에 따른 변화를 수용하고 발전하는 시장 환경에 적응하며 안정적인 입지를 확보해야 한다.

10) 위기 대응 능력 강화

유니콘 기업으로 성장하는 과정에서 다양한 위기가 발생할 수 있다. 이러한 위기 상황에 대비하기 위해 위기 대응 능력을 강화하고 위기를 기회로 전환할 수 있는 유연한 경영 철학을 구축해야 한다.

유니콘 기업으로 성장하기 위해서는 지속적인 혁신, 글로벌 시장 진출, 탁월한 인재 유치 및 관리, 사회적 책임 및 지속가능성, 그리고 위기 대응 능력 강화 등 다양한 요소들을 고려해야 한다.

이러한 전략들을 바탕으로 스케일업을 성공적으로 수행하면 스타트업은 유니콘 기업으로 도약할 수 있는 기회를 잡을 수 있는 것이다.

🎯 스타트업 스케일업 전략 : ① 조직구조와 기업문화 구축

스타트업이 초기 성공을 넘어서 스케일업 단계에 도달하기 위해서는 조직구조와 기업문화를 체계적으로 구축하는 것이 필수적이다. 이 과정은 단순히 인원을 늘리는 것을 넘어, 효율적인 운영과 지속 가능한 성장을 가능하게 하는 기반을 마련하는 것이다. 스타트업이 스케일업을 성공적으로 이루기 위해 필요한 조직구조와 바람직한 기업문화를 구축하여야 한다.

▌1. 조직구조 구축

1) 명확한 역할 분담

스케일업 단계에서는 각 팀원들의 역할과 책임이 명확히 정의되어야 한다. 초기 스타트업 단계에서는 모든 팀원이 여러 역할을 겸하는 경우가 많지만, 스케일업 단계에서는 전문성을 발휘할 수 있는 구조가 필요하다.

- 직무 기술서 작성: 각 역할에 대한 직무 기술서를 작성하여 팀원들이 자신의 책임과 업무를 명확히 이해하도록 한다.

- 책임과 권한 위임: 각 팀원에게 책임과 권한을 위임하여 자율성을 부여하고 의사결정 속도를 높인다.

2) 유연한 조직 구조

빠르게 변화하는 시장 상황에 대응하기 위해 조직 구조는 유연해야 한다. 이는 팀 간의 협업을 촉진하고 필요에 따라 신속하게 구조를 조정할 수 있게 한다.

- 크로스펑셔널 팀: 다양한 기능을 수행하는 팀원들이 함께 일하는 크로스펑셔널 팀을 구성하여 문제 해결 능력을 강화한다.
- 애자일 방법론 도입: 애자일 방법론을 도입하여 빠른 피드백과 지속적인 개선을 통해 프로젝트를 진행한다.

3) 확장 가능한 팀 구성

스케일업을 준비하면서 팀을 확장할 계획을 세워야 한다. 이는 새로운 인재를 채용하고 기존 팀원들의 역량을 강화하는 것을 포함한다.

- 채용 계획 수립: 성장에 필요한 인재를 식별하고 단계별 채용 계획을 수립한다.
- 교육 및 훈련 프로그램: 팀원들의 역량을 지속적으로 향상시키기 위해 교육 및 훈련 프로그램을 운영한다.

2. 기업문화 구축

1) 혁신과 창의성 장려

혁신과 창의성은 스타트업의 경쟁력을 유지하는 데 중요한 요소이다. 이를 장려하는 기업문화를 구축하면 팀원들이 적극적으로 아이디어를 제시하고 새로운 도전에 나설 수 있다.

- 아이디어 제안 시스템: 팀원들이 자유롭게 아이디어를 제안할 수 있는 시스템을 마련한다. 예를 들어, 정기적인 브레인스토밍 세션이나 아이디어 박스를 운영한다.
- 실패에 대한 포용: 실패를 두려워하지 않고 이를 학습의 기회로 삼는 문화를 조성한다.

2) 투명한 소통

투명한 소통은 조직 내 신뢰를 구축하고 팀원들의 참여를 높이는 데 중요하다. 정보가 원활하게 공유되면 의사결정 과정이 빨라지고 팀원들이 회사의 목표와 방향을 명확히 이해할 수 있다.

- 정기적인 미팅: 팀 미팅, 전사 미팅 등을 통해 회사의 목표, 진행 상황, 중요한 의사결정 등을 공유한다.
- 오픈 도어 정책: 팀원들이 언제든지 리더와 소통할 수 있는 환경을 조성한다.

3) 협업과 팀워크 강화

협업과 팀워크는 스타트업이 스케일업 단계에서 직면하는 복잡한 문제를 해결하는 데 필수적이다. 이를 통해 팀원들이 서로의 역량을 최대한 발휘할 수 있다.

- 팀 빌딩 활동: 정기적인 팀 빌딩 활동을 통해 팀원 간의 유대감을 강화한다. 예를 들어, 워크숍, 레크리에이션 활동 등을 통해 팀워크를 다진다.
- 공동 목표 설정: 팀 단위의 목표를 설정하고 이를 달성하기 위해 협력하도록 장려한다.

스타트업이 스케일업을 성공적으로 이루기 위해서는 조직구조와 기업문화를 체계적으로 구축해야 한다. 명확한 역할 분담, 유연한 조직구조, 확장 가능한 팀 구성은 효율적인 운영을 가능하게 하며 혁신과 창의성 장려, 투명한 소통, 협업과 팀워크 강화는 건강한 기업문화를 조성하는 데 필수적이다. 이러한 전략적 접근을 통해 스타트업은 지속 가능한 성장을 도모하고 시장에서의 경쟁력을 유지할 수 있을 것이다.

🎯 스타트업 스케일업 전략 : ② 기술혁신과 신규사업 투자

스타트업의 성공적인 성장은 혁신적인 기술개발과 이를 기반으로 한

신규사업 투자에 달려 있다. 기술혁신과 신기술 융합은 기업이 시장에서 경쟁력을 유지하고 확장하는 데 필수적이다. 기존 기술의 혁신, 신기술의 융합, 신규사업 투자, M&A(인수합병), 그리고 합작 투자를 통해 스타트업이 스케일업 성장 단계를 밟아나갈 수 있을 것이다.

▌ 1. 기존 기술의 혁신과 융합

기존 기술의 혁신은 스타트업이 가지고 있는 기술을 더욱 발전시키고 이를 통해 제품과 서비스를 개선하는 과정을 의미한다.

기존 기술에 새로운 기술을 융합하는 것은 스타트업이 시장에서 독창성을 확보하는 중요한 전략이다.

▌ 2. 신규사업 투자

신규사업 투자는 기존 사업의 한계를 넘어서 새로운 성장 기회를 찾는 중요한 방법이다. 이는 새로운 시장에 진입하거나 새로운 제품 라인을 개발하는 것을 포함한다.

새로운 사업 기회를 찾기 위해 시장 동향을 분석하고 잠재적인 성장 분야를 탐색한다. 신규사업의 성공을 위해서는 명확한 비즈니스모델이 필요하다. 이는 수익 구조, 목표 시장, 경쟁 전략 등을 포함해야 한다. 또한 신규사업을 시작하기 위해 필요한 자본을 조달하고 이를 효율적으로 배분한다. 또한, 필요한 인력과 기술을 확보하는 것도 중요하다.

3. M&A와 합작 투자

M&A와 합작 투자는 스타트업이 빠르게 성장하고 시장에서의 입지를 강화하는 효과적인 방법이다. 인수합병을 통해 필요한 기술이나 시장을 빠르게 확보할 수 있다. 예를 들어, AI 기술을 보유한 회사를 인수하여 자사 제품에 즉시 적용하는 전략을 구사할 수 있다.

다른 기업과의 합작 투자를 통해 시너지 효과를 창출할 수 있다. 예를 들어, 해외 시장 진출을 위해 현지 기업과 합작 투자를 하는 경우, 현지 시장에 대한 이해와 네트워크를 빠르게 확보할 수 있다.

스타트업의 스케일업 전략은 기존 기술의 혁신, 신기술의 융합, 신규 사업 투자, M&A, 합작 투자를 통해 다각도로 접근해야 한다. 이러한 전략은 각각의 단계에서 철저한 계획과 실행을 필요로 하며 이를 통해 스타트업은 지속 가능한 성장과 시장에서의 경쟁력을 확보할 수 있다. 기술개발과 신규사업 투자에 대한 적극적인 자세는 스타트업이 더 큰 성공을 이룰 수 있는 원동력이 될 것이다.

◎ 스타트업 스케일업 전략 :
③ 글로벌 시장 진출

스타트업이 스케일업을 이루기 위해서는 기존 시장에만 머무르지 않고 새로운 시장을 개척하고 나아가 글로벌 시장으로 진출하는 것이 필수적이다. 이는 기업의 성장 가능성을 극대화하고 다양한 수익원을 확보하는 데 중요한 역할을 한다.

▌1. 신규시장 확대 전략

신규시장 확대는 현재의 시장 외에 새로운 타겟 시장을 발굴하고 진입하는 것을 의미한다. 이를 위해 다음과 같은 전략이 필요하다.

1) 시장조사와 분석

먼저 진출하고자 하는 신규시장에 대한 철저한 조사가 필요하다. 이는 시장의 크기, 성장 가능성, 경쟁 상황 등을 포함한다. 시장조사를 통해 얻은 데이터를 바탕으로 전략을 수립하면 실패 확률을 크게 줄일 수 있다.

2) 타겟 고객 정의

신규시장에서의 타겟 고객을 명확히 정의해야 한다. 이 과정에서는 고객의 니즈와 특성을 파악하고 그에 맞는 제품이나 서비스를 제공할 수 있는 방안을 마련해야 한다.

3) 맞춤형 마케팅 전략

새로운 시장에 맞는 마케팅 전략을 세워야 한다. 이는 현지의 문화적 특성, 소비자 행동 등을 고려한 마케팅 활동을 포함한다. 예를 들어, 지역별로 다른 소셜 미디어 채널을 활용하거나 현지 언어로 된 광고를 제작하는 것도 효과적이다.

4) 파트너십 구축

신규시장에 성공적으로 진입하기 위해 현지 파트너와의 협력도 중요하다. 현지 파트너는 시장 진입 초기 단계에서 많은 도움을 줄 수 있으며 이를 통해 보다 빠르게 시장에 안착할 수 있다.

▌2. 글로벌 시장 진출 전략

글로벌 시장 진출은 더 큰 성장과 다각화된 수익원을 확보하기 위한 중요한 단계이다. 다음은 글로벌 시장에 성공적으로 진출하기 위한 주요 전략이다.

1) 국제 시장조사

글로벌 시장에 진출하기 전에 각국의 시장 특성, 규제, 문화 등을 철저히 조사해야 한다. 이는 각 시장에 적합한 진출 전략을 수립하는 데 매우 중요하다.

2) 제품 현지화

글로벌 시장에서는 현지 소비자에게 맞춘 제품 현지화가 필요하다. 이는 제품의 기능뿐만 아니라 포장, 디자인, 마케팅 메시지 등 모든 측면을 현지 문화와 소비자 니즈에 맞게 조정하는 것을 의미한다.

3) 현지 법규와 규제 준수

각국의 법규와 규제를 준수하는 것은 글로벌 시장 진출의 기본이다. 이를 위해 현지 법률 전문가의 도움을 받아 필요한 절차를 진행하고 규제를 철저히 준수해야 한다.

4) 글로벌 브랜드 전략

글로벌 시장에서 통일된 브랜드 이미지를 유지하는 것도 중요하다. 이를 위해 글로벌 브랜드 전략을 수립하고 일관된 브랜드 메시지와 이미지를 구축해야 한다.

신규시장 확대와 글로벌 시장 진출은 스타트업이 스케일업을 이루기 위해 반드시 거쳐야 할 중요한 단계이다. 이를 위해 철저한 시장조사와 분석, 맞춤형 마케팅 전략, 현지화 전략, 법규 준수, 글로벌 브랜드 전략 등이 필요하다. 이러한 전략을 체계적으로 실행하고 지속적으로 개선해 나간다면 스타트업은 새로운 시장에서 성공적으로 자리 잡고 글로벌 무대에서 경쟁력을 갖출 수 있을 것이다.

유니콘에 도전하는 스타트업을 위한 응원

스타트업 창업 인사이트의 마지막 장을 열며 꿈을 향해 도전하는 스타트업에게..

유니콘에 도전하는 여정은 결코 쉽지 않습니다. 그러나 그 길의 끝에 무엇이 기다리고 있을지를 상상해보시기 바랍니다. 그곳엔 스타트업 여러분의 열정과 노력이 결실을 맺는 순간이 있을 것이기 때문입니다. 이 책이 유니콘의 꿈을 꾸는 스타트업의 여정에 자그마한 등불이 되길 바라봅니다.

시작은 작아도 꿈은 크게

모든 유니콘 기업은 작은 시작에서 출발했습니다. 세계를 변화시키겠다는 큰 꿈을 품고 작은 사무실에서 시작된 이야기들이 지금의 거대한 기업으로 성장한 것이죠. 페이스북은 하버드 기숙사 방에서, 애플은 차고에서, 아마존은 작은 집의 방에서, 시작됐습니다. 여러분의 스타트업 역시 마찬가지로 현재의 작은 시작이 미래의 거대한 성장을 위한 밑거름이 될 것입니다. 중요한 것은 시작의 크기가 아니라 꿈의 크기와 이를 향한 끝없는 열정일 것입니다.

실패는 성공의 일부

스타트업의 여정에는 수많은 실패가 따릅니다. 하지만 실패는 단순한 좌절이 아니라, 성공으로 가는 길의 일부임을 기억하기 바랍니다. 유니콘기업의 창업자들 역시 수많은 실패를 겪으며 성장했습니다. 실패를 두려워하지 말고 오히려 실패를 통해 성장할 수 있는 기회로 삼는다면 실패는 성공으로 가는 길을 비추는 등불이 될 것입니다.

혁신과 도전

유니콘이 되기 위해서는 혁신과 도전이 필요합니다. 기존의 틀에 갇히지 않고 새로운 길을 찾아 나서는 용기, 그리고 그 길에서 마주하는 수많은 장애물을 극복할 수 있는 끈기가 필요합니다. 여러분의 아이디어와 비전이 남들과 다르다는 것은 바로 혁신의 시작을 의미할 것이므로 남들이 가보지 않은 길을 개척하는 용기를 가지고 끊임없이 도전한다면 그 길의 끝에는 분명 새로운 기회가 기다리고 있을 것입니다.

팀워크의 힘

유능한 팀원들과 함께할 때 여러분의 스타트업은 더 큰 가능성을 가질 것입니다. 서로의 강점을 발휘하고 약점을 보완하며 함께 성장하는 과정에서 진정한 스타트업의 힘이 발휘될 것입니다. 팀원들과 함께 꿈을 나누고 목표를 향해 나아가는 그 순간들이 바로 유니콘이 되는 여정의 가장 큰 자산이 될 것입니다.

고객의 목소리에 귀 기울이기

유니콘 기업이 되기 위한 또 하나의 중요한 요소는 고객의 목소리에 귀 기울이는 것입니다. 고객은 여러분의 제품과 서비스의 최종 사용자인 동시에 가장 큰 평가자이므로 고객의 피드백을 적극적으로 수용하고 이를 통해 끊임없이 제품과 서비스를 개선해 나가야 합니다. 고객만족과 고객의 목소리를 듣는 것은 단순한 피드백을 넘어서 성공으로 가는 길을 여는 열쇠가 될 것입니다.

끊임없는 학습과 성장

유니콘이 되기 위한 여정은 끊임없는 학습과 성장을 요구하므로, 빠르게 변화하는 시장에서 뒤처지지 않기 위해서는 지속적으로 학습하고, 새로운 트렌드와 기술을 습득해야 합니다. 또한, 자기계발과 리더십 능력을 키우는 것도 중요할 것이므로 성공적인 창업가들은 항상 배우는 자세로 임하며, 이를 통해 자신과 회사를 지속적으로 성장시킵니다. 여러분 역시 학습과 성장의 길을 멈추지 말고 나아가면 그 길이 바로 유니콘으로 가는 길이 될 것입니다.

스타트업 여러분의 성공으로 가는 여정에 이 책이 자그마한 도움이 될 수 있다면 그것으로 필지에게는 기쁨이 될 것입니다.

　지금 이 시간에도 큰 꿈과 열정으로 성공에 도전하는 스타트업 창업가 여러분의 창업여정에 행운이 깃들기를 기원드립니다.

디지털과 AI 시대 - 스타트업 창업과 성장을 위한 지침서

스타트업 창업 인사이트

초판 1쇄   2024년 9월 5일

지은이   김용한
발행인   김재홍
교정/교열   김혜린
디자인   박효은
마케팅   이연실

발행처   도서출판지식공감
등록번호   제2019-000164호
주소   서울특별시 영등포구 경인로82길 3-4 센터플러스 1117호(문래동1가)
전화   02-3141-2700
팩스   02-322-3089
홈페이지   www.bookdaum.com
이메일   jisikwon@naver.com

가격   23,000원
ISBN   979-11-5622-891-2 13320